Rainer Krack
Hinduismus erleben

„Eine Ölpresse ist so schlecht
wie zehn Schlachthäuser,
eine Taverne so schlecht wie zehn Ölpressen,
ein Bordell so schlecht wie zehn Tavernen und
ein König so schlecht wie zehn Bordelle."
*Aus dem Gesetzbuch des Manu
(600 v. Chr.? – 300 n. Chr.?)*

Impressum

Rainer Krack
Hinduismus erleben
erschienen im
REISE KNOW-HOW Verlag Peter Rump GmbH
Osnabrücker Straße 79, 33649 Bielefeld

© Peter Rump
1. Auflage 2001
Alle Rechte vorbehalten.

Wir freuen uns über Kritik, Kommentare und Verbesserungsvorschläge.

Alle Informationen in diesem Buch sind vom Autor mit größter Sorgfalt gesammelt und vom Lektorat des Verlages gewissenhaft bearbeitet und überprüft worden.

Lektorat und Gestaltung
Umschlag: G. Pawlak, P. Rump (Layout), G. Pawlak (Realisierung)
Inhalt: G. Pawlak (Layout), K. Werner (Realisierung)
Lektorat: K. Werner
Fotos: Rainer Krack (rk), Gunda Urban (gu)

Druck und Bindung
Fuldaer Verlagsagentur

Da inhaltliche und sachliche Fehler nicht ausgeschlossen werden können, erklärt der Verlag, dass alle Angaben im Sinne der Produkthaftung ohne Garantie erfolgen und dass Verlag wie Autor keinerlei Verantwortung und Haftung für inhaltliche und sachliche Fehler übernehmen.

ISBN 3-89416-773-4
Printed in Germany

Dieses Buch ist erhältlich in jeder Buchhandlung der BRD, Österreichs, der Niederlande und der Schweiz. Bitte informieren Sie Ihren Buchhändler über folgende Bezugsadressen:
BRD
  Prolit GmbH, Postfach 9, 35461 Fernwald (Annerod)
  sowie alle Barsortimente
Schweiz
  AVA-buch 2000, Postfach 27, CH-8910 Affoltern
Österreich
  Mohr Morawa Buchvertrieb GmbH
  Sulzengasse 2, A-1230 Wien
Niederlande
  Nilsson & Lamm BV, Postbus 195, NL-1380 AD Weesp

Die Nennung von Firmen und ihren Produkten und ihre Reihenfolge sind als Beispiel ohne Wertung gegenüber anderen anzusehen.

Wer im Buchhandel trotzdem kein Glück hat, bekommt unsere Bücher direkt bei: **Rump Direktversand,** Heidekampstraße 18, D-49809 Lingen (Ems) oder über den Büchershop auf unserer Homepage: **www.reise-know-how.de**

Rainer Krack

Hinduismus erleben

Inhalt

- 9 Einleitung: Wer ist ein Hindu?
- 11 Schreibweise von Sanskrit-Begriffen

12 Wurzeln und Lehren des Hinduismus

Von der vedischen Religion zum Hinduismus
- 15 Herkunft und Religion der Arier
- 19 PIE – Die Sprache der Arier
- 20 Kulturelle Anleihen der Arier

Die heiligen Schriften und die heilige Sprache
- 23 Klassifizierung der Schriften
- 24 Sanskrit – Die Sprache der Veden
- 24 Die wichtigsten heiligen Schriften

Götter und Göttinnen
- 33 Einleitung
- 34 Die wichtigsten Gottheiten

Die Kasten
- 47 Ursprünge des Kastensystems
- 47 Das Gesetzbuch des Manu
- 51 Kasten im heutigen Indien

Tod, Erlösung und Wiedergeburt
- 55 Seelenwanderung
- 56 Todeszeremonien
- 60 Mukti – Befreiung von der Wiedergeburt

Tantra und Kamasutra
- 63 Vama Marga – der linkshändige Pfad
- 63 Tantra
- 65 Tantra und sexuelle Praktiken
- 66 Kamasutra
- 67 Frauen und Sünde im Hinduismus

68 Der Hinduismus in der Praxis

Hinduismus im Alltagsleben
- 71 Der Hausschrein

Inhalt

73	Religiöse Handlungen unterwegs
75	Hindu-Tempel
80	Die vier Lebensstadien des Hindus

Feste, Riten und Pilgerfahrten
83	Die wichtigsten Feste im Jahresverlauf
91	Pilgerfahrten

Heilige Pflanzen, Tiere und Talismane
95	Tulsi-Pflanze
96	Bilva-Baum
96	Pipal-Baum
98	Banyan-Baum
98	Darbha- oder Kusha-Gras
98	Heilige Kühe
101	Weitere heilige Tiere
103	Talismane

Die hinduistische Heirat
107	Traditionelle Rolle der Ehe
107	Ehe-Arrangement
109	Das Hochzeitsfest
111	Umzug der Braut

Der hinduistische Speisezettel
113	Historische Wurzeln
114	Speisezettel in der Gegenwart
117	Mahlzeiten

Auswüchse des Hinduismus
119	Kinderehen
121	Religiöse Prostitution
123	Kult der Eunuchen
126	Hinduistischer politischer Extremismus

130 Glossar

140 Anhang

142	Literaturtipps
145	Internet-Seiten
155	Register
160	Der Autor

Einleitung: Wer ist ein Hindu?

Der Hinduismus ist für Außenstehende vielleicht die verwirrendste aller Weltreligionen. Die riesige Anzahl verschiedener Götter und Göttinnen, die zudem alle noch zahllose verschiedene Namen tragen, die zahlreichen exotisch anmutenden Riten und die nicht minder vielen verschiedenen Wege zur Erlösung, von denen sich nicht wenige zu widersprechen und gegenseitig auszuschließen scheinen – sie alle lassen den Hinduismus wie ein dichtes, verwuseltes Knäuel Garn wirken, das nur mühselig entknotet werden kann.

Nicht, dass den Hindus die Definition ihrer Religion selber leicht fallen würde: Weder die indische Verfassung noch das indische Gesetz enthalten eine klare Aussage, was einen Hindu ausmacht. 1903 wurde von einem konstitutionellen Beirat zum ersten Mal ein Versuch unternommen, den **Hinduismus zu definieren.** Was dabei heraus kam, war alles andere als erhellend: „Der Hinduismus ist wunderbar katholisch (allumfassend) und flexibel", begann das Urteil vage. „Seine Theologie wird geprägt von Eklektizismus, Toleranz und beinahe absoluter Freiheit in der Wahl der Anbetungsmöglichkeiten", fuhr es ebenso schwammig fort und nannte dann als herausragendstes Merkmal der Hindu-Gesellschaft „den Abscheu, das Fleisch der Kuh zu verspeisen." Nebenher wurde erwähnt, dass es einige sehr niedrig angesiedelte Gesellschaftsschichten gibt, die durchaus Rindfleisch verzehren, die aber dennoch zu den Hindus gerechnet werden. „Es ist leichter zu definieren, wer kein Hindu ist, als wer Hindu ist", hieß es weiter und das Urteil schloss hilflos: „Das Volk kennt sehr wohl die Unterschiede und kann leicht unterscheiden, wer ein Hindu ist und wer nicht." Die Unterschiede in exakte Worte zu fassen, war scheinbar unmöglich.

Wer ist ein Hindu?

Das **Hindu-Heiratsgesetz** (Hindu Marriage Act) aus dem Jahre 1955 gilt außer für Hindus auch für Sikhs, Jains und Buddhisten, die als artverwandt angesehen werden, nicht aber für Moslems, Christen, Parsen und Juden. Und dennoch nennen viele Hindus Jesus „Issa Bhagwan" oder „Gott Jesus" und der christliche Gott wird Paramatma gerufen, wörtlich die „höchste Seele". Die Verwirrung kennt scheinbar keine Grenzen.

Die Schwammigkeit beginnt schon beim **Namen der Religion** selber. Anders als das Christentum oder der Buddhismus ist der Hinduismus nicht nach einem Religionsstifter benannt, sondern der Name ist lediglich eine geografische Bezeichnung: Das alte Indien grenzte im Westen an den Fluss Sind (auch Sindhu oder Indus geschrieben) und dieser wurde von den westlichen Nachbarn der Inder „Hind" ausgesprochen, denn das s am Wortanfang wollte ihnen partout nicht über die Lippen kommen. Die Bewohner der Region östlich des Sind (der Name bedeutet übrigens nichts anderes als „Fluss") wurden somit als „Hindus" bezeichnet – und geschaffen war der Name, der später für so viel Verwirrung sorgen sollte.

Um die Wende zum 21. Jahrhundert entbrannte in Indien erneut eine Diskussion darum, wie ein Hindu zu definieren sei. Heraufbeschworen wurde sie von **Hindu-Fundamentalisten,** die ihren Glauben von Moslems, Christen und vom Schreckgespenst der Globalisierung bedroht wähnen. Der Anführer der fundamentalistischen Bewegung RSS (Rashtriya Svayamsevak Sangh = Nationaler Rat zur Selbsthilfe) hatte dazu aufgefordert, die von außen eingedrungenen Religionen Islam und Christentum zu „indisieren". „Ein Hindu ist doch ohnehin ein Katholik", konterte darauf eine indische Zeitung und sagte damit – wie ein weiser Zen-Meister – in einem Schlag alles und auch gar nichts.

WER IST EIN HINDU?

Ungeachtet der offensichtlichen Schwierigkeiten, will ich in diesem Buch versuchen, die Grundzüge aufzuzeigen, **was Hindus ausmacht,** was sie glauben, wie sich der Glaube im Laufe der Zeit entwickelt hat, welchen Riten und Gebräuchen die Gläubigen folgen und was sie vom Rest der Menschheit unterscheidet – ein Unterfangen so leicht, wie bei einem Sturm die Sandkörner in der Wüste zu zählen.

Zu Beginn einer Unternehmung rezitieren viele Hindus ein Mantra, eine heilige Silbe oder einen heiligen Vers an den elefantenköpfigen Gott Ganesha: „Om Shri Ganeshaya Namah, Om Shri Ganeshaya Namah", Ehre sei dem erlauchten Ganesha. Eine gute Portion göttliche Hilfe beim Erklären des Hinduismus kann sicher nicht schaden.

Rainer Krack

Schreibweise von Sanskrit-Begriffen

Bei der Transkription von Sanskrit-Begriffen wird auf die Benutzung des unter Linguisten verwandten Systems verzichtet, da dieses dem Laien-Leser zum großen Teil unverständlich sein dürfte. So müsste z.B. so manches *t, th, d, dh, sh, n* oder *r* mit einem Punkt darunter geschrieben werden; ein *w* müsste eigentlich immer als *v* geschrieben und viele Vokale müssten durch einen darüber liegenden Dehnstrich als lange Vokale kenntlich gemacht werden.

In diesem Buch wird die **„populäre" Schreibweise verwendet,** wie sie in vielen nicht-wissenschaftlichen Werken anzutreffen ist. Folglich wird *Swami* mit *w* geschrieben und statt *Krsna*, so wie der Gott eigentlich transkribiert werden müsste (dazu mit verwirrenden Punkten unter dem *r, s* und *n*), ist die Schreibweise *Krishna* gewählt, die der Aussprache des Wortes sehr nahe kommt. Gleichermaßen erscheint die *Rg Veda* als *Rig Veda*, etc. Das *ch* in Sanskrit-Begriffen wird wie *tsch* oder *tschh* ausgesprochen, wobei ich nicht zwischen den Lauten *ch* und dem „behauchten" *chh* differenziere. Beide erscheinen im Text als *ch*.

Nasal-Laute werden, dem allgemeinen Usus folgend, entweder als n oder m dargestellt, so wie es der Aussprache jeweils am nächsten kommt.

Wurzeln und Lehren

Wurzeln und Lehren des Hinduismus

Von den Veden zum Hinduismus

HERKUNFT UND RELIGION DER ARIER

Von der vedischen Religion zum Hinduismus

Herkunft und Religion der Arier

Der Hinduismus entstand aus der so genannten Vedischen Religion, die von den **Ariern** oder „Arya" („Die Edlen") nach Indien mitgebracht wurde. Die Religion bezieht ihren Namen von den **vier Veden,** den ältesten religiösen Texten dieser Eroberer (siehe „Heilige Schriften"), die aller Wahrscheinlichkeit nach aus dem Gebiet zwischen dem Schwarzen Meer und dem Kaspischen Meer stammten.

Viele Bücher sind über den **Ursprung der Arier** geschrieben worden und in diesen wurden viele verschiedene Thesen verbreitet. Die bizarrste Theorie, die Anfang des letzten Jahrhunderts die Runde machte, behauptete, die Arier stammten vom Nordpol. Gesichert ist, dass die Arier, ein Volk von Viehhaltern, zwischen dem 2. und 1. Jahrtausend v. Chr. in Wellen nach Indien einwanderten und dabei die Bevölkerung der Gebiete, die sie durchkreuzten, unterwarfen. Die befestigten Städte der Regionen wurden überrannt und die später für so kultiviert gehaltenen Arier zeigten sich von einer wenig einfühlsamen Seite. Ihre einzige Überlegenheit bestand in der Kriegskunst.

Die Arier schrieben ihre Siege dem Feuergott Agni und dem Obergott und Blitzeschleuderer Indra zu. Daneben beten sie zu einem kleinen Heer von Naturgottheiten, so zum Sonnengott Surya, zur Wassergottheit Varuna, zur Göttin der Morgenröte, Ushas, zum Windgott Vayu, zu den Sturmgöttern Maruts, und zu Yama, dem Totengott. Es ist möglich, dass die Arier in den Hymnen der Rig-Veda (siehe „Heilige Schriften") die Stärke ihrer Gegner übertrieben, um damit ihre Götter um so mächtiger erscheinen zu lassen.

◄ *Hinduistischer Priester*

HERKUNFT UND RELIGION DER ARIER

▲ *Die „Steinerne Kutsche" in der alten Königsstadt Vijayanagar in Karnataka*

Außer den Göttern half den Ariern in ihren Schlachten der Einsatz von **Pferde-gezogenen-Kampfwagen.** Zwar verfügten ihre Gegner wahrscheinlich ebenfalls über Pferdewagen, nur waren die Arier ihnen in deren Gebrauch überlegen.

Die Arier waren – wie alle indo-germanischen Völker – förmlich besessen von Pferden und entwickelten einen ausgiebigen **Pferdekult.** Die Namen von Königen, aber auch von gewöhnlichen Menschen aus dem Volk, wiesen häufig die Bestandteile *ashva* (Pferd) oder *ratha* (Wagen; der Ursprung von „Rad") auf. Entfernungen wurden in *ashvina* gemessen, d.h. die Strecke, die ein Pferd an einem Tag zurück legen kann. Noch heute wird in der indischen Naturheilkunde eine Pflanze namens *ashvagandha* benutzt, wörtlich „Pferdegeruch", eigentlich keine verlockende Aussicht.

Einen Bezug zum Pferdewagen hat möglicherweise auch das **Swastika,** das berühmt-berüchtigte **„Hakenkreuz",** ein Kreuz, dessen vier Enden nach links abgebogen sind (siehe Seite 18).

Das arische Pferdeopfer

Das arische Pferdeopfer

Eines der wichtigsten arischen Rituale war das Pferdeopfer ashvamedha, durch das Könige ihr Territorium auszudehnen trachteten: Ein sorgfältig ausgewähltes Pferd, vorzugsweise männlich und von weißer Farbe, wurde gebadet, ihm wurden Opfer dargebracht und es wurde drei Tage lang mit Weizenkuchen gefüttert. Dann wurde es laufen gelassen, gefolgt von einem Tross, bestehend aus dem König, den Prinzen, Soldaten und Höflingen. Alle Gebiete, durch die das Pferd galoppierte, galten danach als Territorien des Königs, und falls dort zufällig jemand anders seine Herrschaft geltend zu machen versuchte, kam es zur Schlacht. Am Ende der Zeremonie wurden 609 sowohl wilde Tiere als auch Haustiere geopfert und danach war schließlich auch das Pferd an der Reihe. Wie das Tier getötet wurde, ist unbekannt. Sicher ist nur, dass die Tötung in überschwenglichem Ritus vollzogen worden sein muss.

Das tote Pferd wurde nun als Manifestation des Gottes Prajapati („Herr des Volkes") betrachtet. Es wurde eine Decke darüber ausgebreitet und die Königin legte sich zu dem Kadaver, griff dessen Geschlechtsteil und begann rituell damit zu kopulieren. Damit sollte sie symbolisch den Samen von Prajapati empfangen.

Interessanterweise wurde das Pferdeopfer auch in Europa zelebriert, so zum Beispiel von den Kelten, die über weite Teile Europas bis nach Irland herrschten. Irlands ursprünglicher Name „Eire" ist nichts anderes als eine Abwandlung von „Arya", genau wie der Ländername „Iran".

SYMBOLE DES HINDUISMUS

Das Swastika und die Symbole des Hinduismus

Dieses arische Glückssymbol – der Name bedeutet etwa „Zeichen des Wohlseins" – ist einer Theorie gemäß die symbolische Darstellung eines Rads mit seinen Speichen. Nach anderen Quellen stellt es symbolisch ein Opferfeuer mit kreisförmig ausgelegten Zweigen dar.
War das ursprüngliche Swastika nach links gerichtet, so bedienten sich die Nazis eines rechts-gerichteten Hakenkreuzes.

▲ Elefantenfigur mit einem Swastika

Neben dem Swastika gelten folgende Symbole als hinduistische Wahrzeichen:

- **Flagge:** Die „Hindu-Flagge" besteht aus zwei übereinander gesetzten, orangefarbenen Dreiecken.
- **Lotus:** Die Lotusblume ist sowohl das Symbol spiritueller Reinheit als auch das Symbol Brahmas.
- **Om:** Die heilige Silbe Om gilt als das Ur-Mantra und als Klang, der das ganze Universum durchdringt.
- **Trishul:** Das Dreizack-Symbol Shivas.

▶ Das heilige Zeichen Om, umgeben von einem magischen Diagramm

DIE SPRACHE DER ARIER

PIE – Die Sprache der Arier

Das Pferdeopfer ist ein trefflicher Hinweis darauf, wie sich die Arier von Zentral-Asien aus in weite Ferne verstreuten. Zweifelsfrei bewiesen werden die Wanderungen durch die vergleichende Sprachwissenschaft: Alle europäischen Sprachen, mit Ausnahme von Baskisch, Finnisch, Ungarisch und Estnisch, lassen sich auf eine **Pro-Indo-Europäische Sprache** – unter Fachleuten kurz PIE genannt – zurück führen, die auch die Basis für das indische Sanskrit war. Zahllose Worte im Deutschen, Englischen, Latein, Altgriechisch oder anderen europäischen Sprachen sind eindeutig auf PIE zurück zu führen. Selbst Finnisch und Ungarisch, die zur finno-ugrischen Sprachgruppe gehören, enthalten einige wenige indo-europäische Lehnworte.

Sanskritverwandschaft einiger deutscher Begriffe	
aksha	Achse
ayas	Erz
danta	Zahn
dvara	Tür
go	Kuh
hasta	Hand
lug	lugen (engl. „look")
lupta (unsichtbar)	Luft
maksha (Fliege)	Mücke
manushya	Mensch
mata	Mutter
nabhya	Nabel
rohita	rot
pitr	Vater
pura (Stadt, Befestigung)	Burg
supa	Suppe
vidhva	Witwe

Kulturelle Anleihen der Arier

Auf ihrem langen Weg nach Indien nahmen die Arier viele kulturelle Elemente der Völker auf, deren Gebiet sie passierten. Aus der **Hochkultur von Harappa** (ca. 2500-1500 v. Chr.) übernahmen sie beispielsweise den **Kult um Gott Shiva.** Diese Gottheit war auf Siegeln oder Münzen von Harappa nackt dargestellt, mit aufgerichtetem Penis. Zunächst verspotteten die Arier Shiva als *shishn-devata*, „Penis-Gottheit", bald begann eine kulturelle Osmose, und die Arier sahen Shiva schließlich als eine Manifestation ihres eigenen Gottes ↗Rudra an.

Rudra:
wörtl. der „Heuler",
„Weinende" oder
„Schreckliche"

Am Ende wurde die Kultur von Harappa von der arischen Kultur aufgesogen und verschwand. Die so wohlgeplante und fortschrittliche Stadt Harappa ging vor zweieinhalb Jahrtausenden jäh unter. Viele Historiker vertraten früher die These, dass die Arier sie zerstört haben müssen. Heute wird eher angenommen, dass Umweltfaktoren den Untergang der Stadt herbei führten, eventuell eine lang anhaltende Dürre.

Als die Arier weiter in den Süden Indiens vordrangen, übernahmen sie auch zahlreiche kulturelle Elemente der dort lebenden Dravida-Völker. Dazu gehört vor allem der **„Mutter-Kult",** die Verehrung einer allmächtigen Muttergottheit, die auch eine Art Fruchtbarkeitssymbol darstellt.

Die **Identitäten südindischer Götter** begannen, mit denen der Eindringlinge zu verschmelzen. So wurde die Muttergöttin Uma mit Parvati, der Gemahlin Shivas, assoziiert, Ammapurna, die Göttin der reichen Ernte, wurde zu Annapurna, die „mit Speisen füllende" (*anna-purna*) Göttin, umgewandelt und der südindische Kriegsgott Subramaniya oder Murugan wurde mit dem nordindischen Karttikeya gleichgesetzt. Es fand ein langer Prozess der kulturellen Assimilation statt.

Kulturelle Anleihen der Arier

◀ *In der Region des Kutch in Gujarat werden mythische Reiter verehrt, die einst in dem Gebiet aufgetaucht und der Bevölkerung Fortschritt in Medizin und Wissenschaft gebracht haben*

Auf ihrer langen Wanderung kolonisierten die Arier die Völker, die ihnen nicht gewachsen waren. Die Eroberer hatten nur abfällige Worte für die Unterjochten übrig. Sie bezeichneten sie als Dämonen, Gespenster, Affen, Schwarzhäute, Sklaven, als zwerghaft und kurznasig, als Sprecher von derben Sprachen, als Priester- und Riten-los, als Indralos, sprich gottlos, und als Verehrer von verrückten Gottheiten.

In Wirklichkeit jedoch waren es die Arier, die wie Barbaren auftraten und hoch stehende Kulturen vernichteten. Im tiefen Süden Indiens, besonders im Bundesstaat Tamil Nadu, hat man ihnen dies bis heute nicht verziehen und eine stark von dravidischem Stolz geprägte Bewegung sperrt sich gegen den übermächtigen kulturellen und linguistischen Einfluss des Nordens.

Die ursprüngliche Vedische Religion entwickelte sich allmählich zu dem, was wir heute als Hinduismus bezeichnen. Die vielen kulturellen Elemente, die in ihm vereint wurden, mag dessen so verwirrende Vielschichtigkeit erklären.

Die heiligen Schriften

KLASSIFIZIERUNG DER SCHRIFTEN

Die heiligen Schriften und die heilige Sprache
Klassifizierung der Schriften

Anders als das Christentum, der Islam und der Sikhismus verfügt der Hinduismus nicht über eine einzige, sondern über eine ganze Reihe heiliger Schriften. Traditionell werden die Schriften **in zwei Gruppen unterteilt,** die *shruti* und die *smriti*.

Die **Shruti** sind die „gehörten" oder „in Erfahrung gebrachten" Schriften, d.h. solche, die Wissen wiedergeben, das den *rishis* oder Weisen durch göttliche Inspiration eingegeben wurde. Zu dieser Klasse gehören die Veden und die Upanischaden.

Im Unterschied dazu geben **Smriti,** die „erinnerten" Schriften, oft auch *shastra* genannt, traditionelles Wissen weiter. Diese machen fast die gesamte post-vedische Literatur aus. Dazu gehören philosophische und wissenschaftliche Abhandlungen, darunter zum Beispiel die „Vastu-Shastra", eine Art Lehrbuch der Architektur und so etwas wie das indische Gegenstück zum chinesischen „Feng-Shui".

Ursprünglich wurden die Veden **nur mündlich überliefert,** ihre Aufzeichnung war streng verboten. Das Verbot selbst war in den Veden verankert und die Mahabharata (s.u.) verdammte alle, die Veden niederschrieben, zur Hölle. Die Veden brachten angeblich nur spirituellen Verdienst, wenn sie aus dem Gedächtnis rezitiert wurden. Die Priesterklasse sicherte sich so das Wissensmonopol auf die Veden.

Frühe Schreibtechniken
Zum Aufzeichnen von Schriften wurde in Nordindien zunächst die Innenseite von Birkenrinde verwendet, in Südindien bediente man sich der allerorts vorhandenen Bananenblätter. Die Buchstaben wurden mit einem in schwarze Tinte getauchten Eisenstift oder Halm eingeritzt. Das frühe Sanskrit-Wort für „schwarz" war „mela", abgeleitet vom Griechischen „melan" (vgl. den medizinischen Begriff „Melanom") und der „Stift" war „kalama", abgeleitet vom Griechischen „kalamos" – ein Hinweis darauf, dass die Kunst des Schreibens wahrscheinlich von den Griechen übernommen worden war.

◂ *Priester bei Gebetszeremonien in Omkareshwar*

SANSKRIT

Sanskrit – Die Sprache der Veden

Die Sprache, in der die heiligen Schriften schließlich aufgezeichnet wurden, war das Sanskrit. Der Name bedeutet übersetzt „ausgefeilt" oder „perfektioniert", was darauf hin deutet, dass es sich um keine natürlich gewachsene, sondern um eine Art **Kunstsprache** handelt.

Das Sanskrit erscheint zuerst um 300 v. Chr., und seine Grammatik wurde etwa zu dieser Zeit von Panini kodifiziert. Es erreichte seine Blütezeit etwa 600 Jahre später. Das Sanskrit war in der Folgezeit einigen Änderungen unterworfen – man unterscheidet vier Stadien des Sanskrit – und aufgrund ihrer hohen **grammatikalischen Komplexität** konnte sich die Sprache nicht als allgemeines Kommunikationsmedium durchsetzen. Um den „gewöhnlichen" Bürger zu erreichen, mussten die Sanskrit-Werke in die lokalen Prakrit-Sprachen übersetzt werden.

> **Devanagari –
> Das Schriftsystem des Sanskrit**
> *Sanskrit gilt in Indien landläufig als „heilige" und perfekte Sprache, deren Klang alleine schon spirituell reinigende Wirkung habe. Von der Schreibtechnik her ist sie jedoch alles andere als perfekt: Sanskrit wird in Devanagari („Stadt der Götter") geschrieben, einem Schriftsystem, bei dem alle Laute oben durch eine Art „Wäscheleine" miteinander verbunden sind. Diese Oberlinie verlangsamt das Schreiben, mehrere Laute können nicht in einem Schwung geschrieben werden und der Schreibaufwand ist somit unverhältnismäßig groß.*

Die wichtigsten heiligen Schriften

Mahabharata

Zusammen mit der Ramayana (s.u.) ist die Mahabharata eines der größten Epen der Hindus und mit einer Länge von 110.000 zweizeiligen Versen wahrscheinlich das längste Epos der Welt. Die Mahabharata, die „Große Geschichte der Bharatas", ist ein Sammelsurium von Elementen aus vor-arischer und arischer Zeit.

Die wichtigsten heiligen Schriften

Anfänglich war die Mahabharata wahrscheinlich nur eine kurze Ballade in Gedicht- oder Prosaform. Der Beginn des Epos geht mindestens auf die Zeit um 200 v. Chr. zurück. Im Verlauf der Jahrhunderte wuchs es beständig und die letzten Verse wurden um das Jahr 500 eingefügt.

Die Mahabharata, bestehend aus 18 „Büchern" (*paria*) und einem „Anhang" (*khila*), erzählt die **Geschichte zweier verfeindeter königlicher Familien,** den Pandavas und Kauravas. König Bharata (Bharat ist der alte und heute auch offizielle Name für Indien) hatte zwei Söhne, Pandu und Dhritarashtra. Pandu bekam fünf Söhne, die alle gut und edel waren. Dhritarashtra bekam einhundert Söhne, die allesamt dem Bösen anheim gefallen waren. Die Pandavas stehen somit für *dharma*, die religiöse Rechtschaffenheit, die Kauravas für *adharma*, das Böse und Unrechte. Allerdings gibt es Spekulationen darüber, dass die Mahabharata ursprünglich weniger den Pandavas zugeneigt war und erst später von einem Pandava-Sympathisanten entsprechend umgeschrieben wurde.

In den klassischen Konflikt von Gut und Böse sind zahllose Nebenhandlungen um Liebe, Hass, Beziehungen und Intrigen eingeflochten, so dass die Mahabharata als Vorläufer für den Plot eines typischen Hindi-Films gelten könnte. Die zahlreichen verwobenen Handlungfäden machen die Mahabharata durchaus unterhaltsam. Wer jedoch zwischen den Zeilen zu lesen versteht, kann aus den Handlungen der Protagonisten auch tiefgreifende moralische oder religiöse Lehren ableiten.

Welche Version ist die richtige?
Es existiert keine Standardversion der Mahabharata. Es gibt eine nordindische, eine südindische und eine nepalesische Version und dazwischen kämpfen noch etliche weitere lokale Varianten um Aufmerksamkeit – insgesamt etwa 1.300. Selbst innerhalb einer Version werden oft sich widersprechende Doktrinen oder Glaubensgebäude dargestellt, was zweifellos auf Einflüsse aus vielen verschiedenen Quellen und zu vielen verschiedenen Epochen hinweist.

Die wichtigsten heiligen Schriften

Bhagavad Gita

Die Bhagavad Gita, das „Göttliche Lied" ist ein Teil der Mahabharata, genauer gesagt, dessen sechstes „Buch" oder Kapitel, genannt Bhishma-parva, „Buch des Bhishma". Für sich alleine stehend wahrscheinlich die bekannteste Schrift des Hinduismus.

Die Bhagavad Gita wurde in ihrer gegenwärtigen Form etwa um das Jahr 300 vollendet, wenn auch im 1. und 2. Jahrhundert schon grundlegende Formen davon vorhanden gewesen sein müssen. In der Gita, wie sie oft kurz genannt wird, wird die **spirituelle Unterweisung des Kriegers Arjuna** durch Krishna wiedergegeben, die um das Jahr 900 v. Chr. während der Schlacht von Kurukshetra stattgefunden haben soll. In der Schlacht standen sich die Pandavas, darunter Arjuna, und die verwandten Kauravas gegenüber.

Als Arjunas Blick vor der Schlacht über die ihm gegenüberstehenden Feindestruppen schweift – es sind seine eigenen Verwandten –, da lässt er seinen Bogen niedergleiten und erklärt seinem Wagenlenker, dass er nicht in den Kampf ziehen kann. Der Wagenlenker ist jedoch niemand anderes als Gott Vishnu, der sich in Krishna verwandelt hat. Es beginnt eine Unterweisung in die Geheimnisse des „Selbst" und dessen Auslöschung. Krishna doziert über die Vorteile des Asketentums, über *bhakti*, der selbstlosen Hingabe an das Göttliche, über *dharma*, die religiöse Pflicht, und über *moksha*, die Erlösung aus dem Kreislauf der Wiedergeburten. Besonders hervorgehoben wird *svadharma*, die „Selbst-Pflicht", d.h. die Erfüllung der Pflichten, die aus der Zugehörigkeit zu seiner Kaste entstehen. Es sei besser, seine eigene Pflicht unvollkommen zu erfüllen, als die „Pflicht eines anderen" (*paradharma*) vollkommen. Zudem sollen die Pflichten nicht mit dem Gedanken an Gewinn in irgendeiner Form erfüllt werden, sondern völlig losgelöst von Spekula-

Die wichtigsten heiligen Schriften

tionen über Gewinn oder Verlust. Das Prinzip heißt *nishkama karma*, übersetzt etwa „Tun, ohne eigenes Begehren".

Arjuna erfüllt die ihm durch seine Geburt auferlegte Pflicht, er zieht in die Schlacht und tötet Bhishma, den Heerführer der Kauravas.

Ramayana

Das beliebteste Hindu-Epos ist zweifellos die Ramayana, deren abenteuerliche Handlung nicht nur Inder, sondern auch Thais, Malaysier und Indonesier seit vielen Generationen in ihren Bann schlägt.

Die in der Ramayana beschriebenen Ereignisse müssen etwa 150 Jahre vor der Mahabharata stattgefunden haben, doch wurde das Epos erst nach der Mahabharata zusammengestellt.

Die Ramayana soll ursprünglich vom **Weisen Valmiki** geschrieben worden sein, einem Zeitgenossen der Helden der Ramayana. Valmiki war ein ehemaliger Räuber, der vom Hindu-Heiligen Narada auf den Pfad der Tugend zurückgeführt wurde. Narada hatte in dem kriminellen Valmiki das Talent zu einem „König der Poeten" erkannt.

Wie bei der Mahabharata, so existieren auch von der Ramayana verschiedene **Versionen.** Die Ramayana ist in sieben Teile (*kanda*) unterteilt und besteht aus 24.000 vierzeiligen Versen.

Die Ramayana („Die Geschehnisse um Rama") erzählt die **Geschichte des edlen Königs Rama von Ayodhya und seiner getreuen Ehefrau Sita,** die vom Dämonenkönig Ravana nach (Sri) Lanka entführt wurde. Nach vielen spannenden Abenteuern wird der böse Ravana besiegt und Sita wird heimgeholt. Rama hegt jedoch ständig wachsende Zweifel an der „Unschuld" seiner Gattin, obwohl diese sich einer Feuerprobe unterzogen hat. Er verbannt die Königin, die gerade schwanger ist, aus sei-

DIE WICHTIGSTEN HEILIGEN SCHRIFTEN

▲ *Der Janaki-Tempel in Janakpur, Nepal. Er markiert den Geburtsort der Göttin Sita.*

nem Reich. Fünfzehn Jahre später begegnet Rama während eines Pferde-Opfers zwei Jungen. Er erkennt in ihren Gesichtern sein eigenes, bereut die Behandlung seiner Frau und ruft sie nach Ayodhya zurück. Sita kommt, beteuert ihre Unschuld noch einmal und bittet dann Mutter Erde, sie wieder in ihrem Schoß aufzunehmen. Der Legende nach ist Sita die Tochter der Erde, die einst beim Pflügen eines Feldes in einer Erdscholle erschien. Die Erde öffnet sich und verschluckt Sita. Rama kann den Verlust nicht verschmerzen und beschließt, Sita zu folgen. Er marschiert schnurstracks in die Tiefen des Flusses Sarayu und – so besagt es die Legende – sitzt dort heute zusammen mit Sita, vereint für alle Zeiten.

Rama wird heute in ganz Indien als Gott verehrt und Sita gilt als das Idealbild der getreuen Ehefrau. **Ravana** ist das Abbild des Bösen und zum Fest Das-

DIE WICHTIGSTEN HEILIGEN SCHRIFTEN

◀ *Sadhu mit Schal, der mit einem Mantra an Gott Rama bedruckt ist*

sera werden heute Strohpuppen, die Ravana repräsentieren unter viel Jubel verbrannt. Ramas Regierungszeit in Ayodhya, genannt *Ram-rajya*, wird als eine Art goldenes Zeitalter betrachtet, in dem Friede, tiefe Religiosität und Wohlstand herrschten. Einige Hindu-Fundamentalisten streben deshalb eine Rückkehr zu dieser Epoche an – wie dies genau vonstatten gehen soll, hat jedoch noch niemand verraten.

DIE WICHTIGSTEN HEILIGEN SCHRIFTEN

Veden und Upanischaden

Die Veden sind die **Urschriften des Hinduismus** und gelten als *aupaurusheya*, als „nicht von menschlichem Ursprung". Der Name „Veda" stammt von der Sanskrit-Wurzel *vid*, „wissen" und das in ihnen niedergelegte Wissen gilt als unzerstörbar. Der Überlieferung nach werden die Veden selbst dann noch bestehen, wenn schon die Götter dahingeschwunden sind.

Die Texte der Veden wurden zu verschiedenen Zeiten von zahlreichen **Autoren** zusammengestellt, etwa in der Zeit von 1000–200 v. Chr. Zu den Autoren gehörten neben Mitgliedern der Brahmanen- oder Priester-Kaste auch Kshatriyas (Krieger), Shudras (Arbeiter), die ansonsten so verpönten Kasten-Mischlinge und – ebenfalls ungewöhnlich – sogar einige Frauen.

Die Veden bestehen aus **vier Teilen:** der Rig-, Yajur-, Sama- und Atharva-Veda. Diese sind eine Sammlung von Hymnen, Mantras, Gebets- und Opferformeln sowie Abhandlungen für Wald-Einsiedler und Heilige. Für Hindu-Laien sind die Veden heute kaum von Bedeutung. Verse daraus werden aber von Priestern bei Opfer- oder anderen Zeremonien in Tempeln rezitiert.

Als separate Einheit werden oft die **Upanischaden** behandelt, philosophische oder metaphysische Teile des vedischen Kanons, die ursprünglich nicht den Veden zugehörig angesehen wurden, da die in ihnen präsentierte Philosophie ihren Ursprung außerhalb des vedischen Hinduismus hatte. Einige der in den Upanischaden vertretenen Vorstellungen werden auf die ↗Proto-Australoiden zurückgeführt.

Der **Name „Upanishad"** bedeutet „nahe sitzen" (*upa-nishada*) und bezieht sich auf das „Nahesitzen" von Schülern am Lehrer oder Guru während der Unterweisung. Ein großer Teil der Upanischaden, die in ihrer heutigen Form aus der Zeit von

---

Proto-Australoiden:
Eine Rasse, die um 6000–5000 v. Chr. vom östlichen Mittelmeerraum her in Indien eindrang

Die wichtigsten heiligen Schriften

400–200 v. Chr. stammen, behandeln Fragen, die sich der Mensch seit Anbeginn seiner Existenz gestellt haben mag. Es geht um die Natur von Mensch und Gott, um die Beziehung zwischen beiden, um den Sinn der irdischen Existenz, um Reinkarnation oder Seelenwanderung und schließlich darum, wie dem irdischen Leben zu entfliehen und die ewige Erlösung zu erlangen sei. Die **Grunddoktrin der Upanischaden** ist die Identifizierung der Individualseele (*atma*) als Teil der universellen Seele, des Brahman. Aufgrund ihrer hohen Gedankenflüge konnten die Upanischaden nie die Popularität erlangen, die der leicht verständlichen, spannenden Ramayana oder der Mahabharata zuteil wurden. Der Philosoph Schopenhauer aber war tief von den Upanischaden beeindruckt und bezeichnete sie als den „Trost meines Lebens".

Götter und Göttinnen

EINLEITUNG

Götter und Göttinnen

Einleitung

Anders als Christentum, Islam und Sikhismus verfügt der Hinduismus über eine ganze Armee von Göttern, eine Tatsache, die den Hindus in früheren Zeiten den Nimbus von Götzenverehrern eingebracht hat.

Zwar unterscheiden sich die hinduistischen Götter und Göttinnen nach ihren Eigenschaften und ihrem Äußeren ganz immens voneinander, dennoch gelten sie im Idealfall lediglich als **verschiedene Aspekte des „einen" göttlichen Wesens,** das sich nach Belieben in allen erdenklichen Formen äußern kann. So schließen sich der gütige und weise Elefantengott Ganesha und die blutrünstige und Opfer fordernde Göttin Kali nicht aus – schließlich kann das göttliche Prinzip bisweilen gütig und wohlwollend, zu anderen Zeiten aber auch grausam und vernichtend sein.

Von den unzähligen Göttern stehen einige wenige an der Spitze der Verehrungsskala, viele andere dagegen werden nur sehr selten verehrt. Einigen Göttern wird gar nur regionale Verehrung zuteil. Hinzu kommt, dass sich die **Vorlieben für bestimmte Götter** über die Jahrtausende und Jahrhunderte merklich gewandelt haben. Der Hinduismus ist in dieser Beziehungen dem Zeitgeist und der „Mode" nicht verschlossen. Als in den neunziger Jahren unter Hindus weltweit das Gerücht die Runde nachte, Ganesha-Figuren tränken Milch, gewann dieser ohnehin so beliebte Gott noch einmal an Popularität hinzu. Es begann ein

> **Wie viele Götter gibt es?**
> *Es gibt vielerlei Theorien darüber, wie viele Götter es im Hinduismus gibt. Gemäß einer viel zitierten Überlieferung sind es 330 Millionen, was etwa der Einwohnerzahl Indiens Ende der vierziger Jahre des letzten Jahrhunderts entspricht. Gezählt hat all diese Götter natürlich niemand, die Zahl soll wohl nur so viel bedeuten wie „fast unendlich viele".*

◀ *Betteln mit einem Bildnis der Göttin Lakshmi*

BJP:
Bharatiya Janata Party = Indische Volkspartei

kurzzeitiger, fast ekstatischer Ganesha-Kult. Später stellte sich heraus, dass das Gerücht von Hindu-Fanatikern gestreut worden war, um vor den zu jener Zeit anstehenden Wahlen in Indien eine „Hindu-Emotion" (*hindu bhav*) zu schüren, von dem die hinduistisch orientierte ↗BJP profitieren sollte.

Die wichtigsten Gottheiten

Brahma

Brahma ist der hinduistische **Schöpfergott** und der erste Gott der hinduistischen „Dreifaltigkeit" (*trimurti*) Brahma, Vishnu und Shiva (s. u.).

Brahma wird mit vier bärtigen Köpfen und vier Armen **dargestellt.** In den vier Händen hält er ein Trinkgefäß, seinen Bogen Paravita, ein Zepter und eine Veda. Sein Wohnsitz ist Brahma-Loka (Welt des Brahma) und sein Gefährt ein weißer Schwan, der **Hamsa.**

Brahma wurde **nie große Popularität** zuteil und in Indien finden sich nur zwei Tempel, die ihm gewidmet sind, in Ajmer und in Goa. Das Desinteresse an Brahma wird oft darauf zurückgeführt, dass er seine eigene Tochter Saraswati, die Göttin des Ler-

▶ *Einer der wenigen Brahma-Tempel, gelegen im Binnenland von Goa*

Hinduismus und Buddhismus

Hinduismus und Buddhismus

Der vielleicht erstaunlichste Name auf der Liste Vishnus Inkarnationen ist Buddha, der „Erleuchtete", der sich vehement gegen die Veden ausgesprochen hatte und einen neuen Weg zur Überwindung des Leidens und der Erlösung predigte. Aufgrund der „Konkurrenz", die der Buddhismus in seiner Frühphase dem Hinduismus machte, sann der Hindu-Klerus auf eine Methode, den Buddhismus unschädlich zu machen. So wurde Buddha zu einer Inkarnation von Vishnu erklärt, und zwar zu derjenigen, die Sünder auf den Pfad zur Hölle (sprich zum Buddhismus) führte und somit vernichtete.

Da Buddha somit Vishnu gleichgestellt war – wenn auch als eine negative Manifestation von Vishnu –, so hatte der Buddhismus in Indien keine Berechtigung mehr und verschwand fast völlig. Erst im 20. Jahrhundert gelang ihm durch Dr. Bhimrao Ambedkar (1891-1956) ein Revival: Ambedkar, als Kastenloser geboren und später Mitverfasser der indischen Verfassung, veranlasste Tausende von Kastenlosen, zum Buddhismus zu konvertieren, um so dem unterdrückenden Kastenwesen zu entfliehen. Konvertierungen in diesem Sinne „gelingen" bis heute zumeist nicht, da die orthodoxe Hindu-Gesellschaft auch auf Kastenlose, die sich zu Buddhismus, Christentum oder Islam bekehrt haben, weiterhin herabsieht.

nens und der Wissenschaft, geheiratet und somit Inzest begangen habe. Der Legende nach wurde Saraswati aus Brahma selber geboren. Hinzu kommt, dass der Schöpfergott mit dem Akt der Schöpfung seine Aufgabe erfüllt hat. Gebete an ihn hätten nichts mehr bewirken können und so wurde er schlichtweg ignoriert.

DIE WICHTIGSTEN GOTTHEITEN

Vishnu

Zur Zeit der Rig Veda war Vishnu noch ein Gott zweiten Ranges, der jedoch allmählich an Einfluss gewann und zur Zeit der Mahabharata zum zweiten Gott der hinduistischen „Dreifaltigkeit" aufgestiegen war. Vishnu gilt als **Bewahrer der Welt,** der sich zu verschiedenen Zeiten in verschiedenen Formen manifestiert hat, um das Böse auf der Welt zu bekämpfen. Diese **Manifestationen** sind:

1) **Matsya,** die Fisch-Inkarnation,
2) **Kurma,** die Schildkröten-Inkarnation,
3) **Varaha,** das Wildschwein,
4) **Narasimha,** der Mensch-Löwe,
5) **Vamana,** eine Zwergengestalt,
6) **Parashurama,** „Rama mit der Axt",
7) die weit verehrte Manifestation des **Rama,**
8) **Krishna,** die wichtigste Manifestation Vishnus,
9) **Buddha,**
10) **Kalki,** eine zukünftige Manifestation Vishnus, die am Ende des „dunklen Zeitalters", des *kali yuga*, erscheinen wird.

▼ *Älterer Hindu. Die Längsstreifen auf seiner Stirn weisen ihn als Anhänger von Vishnu aus.*

Vishnu wird als dunkelhäutig dargestellt, mit vier Händen, in denen er eine Lotusblume, eine Keule, eine Konch-Muschel *(shankha)* und einen Diskus *(chakra)* hält. Sein Reittier *(vahana)* ist der **Garuda,** eine Art Adler.

Anhänger von Vishnu oder einer seiner Manifestationen werden **Vaishnaviten** genannt. Im Gegensatz zu ihnen stehen die Shaiviten, die Anhänger Shivas, die Shiva nur in einer einzigen Manifestation verehren, auch wenn diese unter verschiedenen Namen auftreten kann.

DIE WICHTIGSTEN GOTTHEITEN

Shiva

Wenn es einen Schöpfer und Erhalter gibt, so muss es nach hinduistischer Auffasssung auch einen Zerstörer geben. Shiva, der dritte Gott in der *trimurti* nimmt diese Rolle ein und mit seiner ungeheuren Macht hat er sich zu einem der verehrtesten Göttern des Hindu-Pantheons aufschwingen können.

Shiva wird zumeist mit einem Gesicht, gelegentlich aber auch mit fünf Gesichtern **dargestellt.** Dazu hat er vier Arme, wovon die oberen beiden eine *damru*, eine kleine Handtrommel, und eine Flamme halten. Die unteren Hände nehmen die Haltung (*mudra*) von „Schutz" (*abhaya*) und „Handlung" (*kriya*) ein. In anderen Darstellungen hält Shiva einen Dreizack (*trishul*) in der Hand, der auch das Symbol der zahllosen Sadhus ist, die Shiva nachfolgen. Auf seinem Haupt trägt Shiva einen aufgetürmtem Haarknoten und um seinen Hals rankt sich eine Kobra. Manchmal trägt er eine Halskette aus Menschenschädeln und wird begleitet von einem schwarzen Hund, der das Fleisch aus lebendigen Wesen reißt und es unzerkaut verschlingt – eine Anspielung auf Shivas immense zerstörerische Kraft.

▼ *Shiva-Relief mit einer Kette aus Totenköpfen und einem Hund, der das Fleisch von lebenden Wesen heraus reisst und es ohne zu kauen verschlingt*

Shivas Reittier ist der **Nandi-Bulle,** der vor allen Shiva-Tempeln zu finden ist.

Die Anhänger Shivas, die **Shaiviten,** tragen auf der Stirn oft drei vertikale Linien, die den Dreizack Shivas symbolisieren.

Zwar gibt es von Shiva keine anderen Manifestationen, im Gegensatz zu Vishnu, doch erscheint er unter zahlreichen **verschiedenen Namen.** Angeblich sind es 1.008 Namen. Diese Zahl ist nichts als eine „Streckung" der

DIE WICHTIGSTEN GOTTHEITEN

heiligen Zahl 108 (siehe Glossar) durch eine eingeschobene Null. Einige von Shivas bekanntesten Namen sind:

- **Adinatha,** „der Ur-Gott",
- **Ardhanareshwara,** „der halb-Mann-halb-Frau-Gott",
- **Aushadheshwara,** „der Gott der Heilkräuter" (darunter auch Haschisch),
- **Bhairava,** „der Schreckliche",
- **Bhuteshwara,** „der Herr der Dämonen",
- **Girisha,** „der Berggott",
- **Kapaleshwara,** „der Gott der Totenköpfe",
- **Mahadeva,** „der große Gott",
- **Mahayogi,** „der große Yogi",
- **Mahakal,** „der große Gott der Zeit" (oder des Zeitenendes),
- **Mahesha** oder **Maheshwar,** „der große Gott",
- **Mritunjaya,** „der Zerstörer des Todes",
- **Nataraja,** „der König des Tanzes",
- **Pashupati,** „der Herr der Tiere",
- **Shambhu,** „der Wohlwollende",
- **Ugradeva,** „der Gott des Schreckens".

▶ *Shiva-Schrein mit Lingam am Marine Drive in Mumbai (Bombay)*

DIE WICHTIGSTEN GOTTHEITEN

> **Shivalingam**
> *Shiva kann aber auch Leben erschaffen und aus diesem Grunde wird er oft mit aufgerichtetem Penis – als Symbol seiner Schöpfungskraft – dargestellt. Eine symbolische Darstellung Shivas ist der Shivalingam, der „Shiva-Penis", eine Art Phallus, das aus einer Yoni heraus ragt, einer symbolischen Darstellung des weiblichen Geschlechtsorgans. Auf manchen dieser Shivalingams ist an den vier Seiten das Gesicht Shivas dargestellt. Diese Shivalingams werden chaturmukhi-lingam, "Lingam mit vier Gesichtern", genannt. Das bekannteste Exemplar dieser Gattung findet sich im Pashupatinath-Tempel in Kathmandu, zu dem Nicht-Hindus allerdings keinen Zutritt haben.*

Krishna

Die achte Inkarnation Vishnus ist die Hauptfigur der Bhagavad-Gita und der am weitesten verehrte Gott des Hinduismus.

„Krishna" bedeutet „schwarz" und in der Ikonographie wird Krishna mit dunkelblauer Hautfarbe **dargestellt.** Einer seiner anderen Namen ist Shyama, was ebenfalls „schwarz" bedeutet. Krishna wird oft als Flöte spielender Kuhhirte dargestellt, daher auch sein Name Gopala, „Kuh-Hüter".

In seiner Kindheit soll sich Krishna durch seine Ausgelassenheit und Pfiffigkeit ausgezeichnet haben. Seine Vorliebe galt Milch und Butter, die er nicht selten auf amüsante Weise stahl. Später taten es ihm die Gopis („Milchmädchen") an. Der sinnenfreudige Gott soll insgesamt 16.108 Ehefrauen und 180.008 Söhne gehabt haben. Zwei seiner **Namen** lauten deshalb Kanhaiya, „Liebhaber von Jungfrauen", und Kishorilal, „Geliebter der Jungfrauen". Weitere Namen sind Balaji, „der liebe Junge", Govinda, „Kuh-Halter", und Murli, „der Flötenspieler".

HARE-KRISHNA-BEWEGUNG

Die Hare-Krishna-Bewegung

Krishna ist die zentrale Gottheit der Hare-Krishna-Bewegung oder ISKCON (International Society for Krishna Consciousness), die ab den sechziger Jahren des 20. Jh. von Swami Bhaktivedanta Prabhupada (1896–1977) im Westen propagiert wurde.

Prabhupada gründete 108 (heilige Zahl) ISKCON-Center. Der bekannteste Anhänger der Bewegung wurde der Ex-Beatle George Harrison. Die Bewegung sieht das Heil in selbstloser und vollkommener Hingabe (bhakti) an Krishna und dem ständigen, ekstatischem Singen des Hare-Krishna-Mantras, auch Maha-Mantra genannt (das große Mantra). Es lautet: „Hare Krishna, Hare Krishna, Krishna, Krishna, Hare Hare; Hare Rama, Hare Rama, Rama Rama, Hare Hare" und ist eine Anrufung von Krishna, Rama und Hari (Vishnu).

Von den ISKCON-Anhängern wird Krishna als die Manifestation des einen Gottes angesehen, der viele verschiedene Namen hat. George Harrison schreibt im Klappentext zu der CD „Chant and be Happy" (zuerst 1969 veröffentlicht unter dem Titel „Govinda"), „Gott ... hat viele Namen. Allah, Buddha, Jehovah, Rama: Alle sind Krishna, alle sind EINS." Der ekstatische Kult um Krishna wurde übrigens bereits im 16. Jh. von dem Vaishnaviten Chaitanya (1485–1534) aus der Taufe gehoben. Er blieb aber immer ein begrenztes Phänomen und nimmt auch heute nur eine Randstellung im Hinduismus ein.

▼ Veranstaltung der Hare-Krishna-Bewegung in Madras mit einer lebensechten Figur des Begründers der Bewegung

DIE WICHTIGSTEN GOTTHEITEN

Rama

Die siebte Inkarnation Vishnus ist der edle Kriegerkönig des Epos Ramayana und wird als solcher mit Pfeil und Bogen dargestellt. Rama soll in Ayodhya im heutigen Bundesstaat Uttar Pradesh geboren worden sein, wo während seiner Regierungszeit Friede und Wohlstand im Lande herrschten.

Rama wird in ganz Indien verehrt und viele Asketen oder Suchende wiederholen endlos seinen Namen als eine Art Mantra („Ram, Ram, Ram ..."). Das soll den Übenden Rama näher bringen oder gottgleich machen. (Ram ist die moderne Hindi-Version des Namens, Rama die Sanskrit-Form). „Ram-Ram" ist eine geläufige Begrüßungsfloskel in vielen ländlichen Gebieten Nordindiens.

Gandhis letzte Worte

Mahatma Gandhis letzte Worte, nachdem er angeschossen worden war und mit dem Tode rang, lauteten: „He, Ram!" - „Oh, Gott!" Darin drückten sich weniger Entsetzen oder Schrecken aus; vielmehr war es der Versuch, durch das Aussprechen des heiligen Namens während seines letzten Atemzugs direkt in das Reich Ramas einzuziehen.

◀ *Pilger am Janaki Temple in Janakpur, Nepal. Seine Meditation besteht darin, unablässig den Namen des Gottes Rama nieder zu schreiben.*

DIE WICHTIGSTEN GOTTHEITEN

Ganesha

Ebenfalls weithin beliebt ist Ganesh oder Ganesha (auch Ganpati), der elefantenköpfige Sohn von Shiva und seiner Gemahlin Parvati.

Einer etwas schlüpfrigen **Überlieferung** nach beobachteten Shiva und Parvati einst kopulierende Elefanten und beschlossen, es ebenfalls einmal in der „Elefantenstellung" zu probieren. Das Ergebnis war der elefantenköpfige Ganesha. Andere Legenden sprechen davon, dass Ganesha zuerst einen Menschenkopf hatte, der auf verschiedene Art zerstört wurde. Dem Rumpf wurde schließlich der Kopf des ersten vorbeilaufenden Wesens aufgesetzt – eines Elefanten. Während eines Kampfes mit einem *rishi* oder Weisen, den Ganesha nicht zu Shiva vorlassen wollte, verlor er einen seiner Stoßzähne.

Ganesha gilt heute als **Glücksbringer** und Beseitiger von Hindernissen und wird unter anderem vor Beginn neuer Unternehmungen angerufen. Besonders beliebt ist er in der Geschäftsstadt Mumbai, wo

▼ *Riesen-Ganesha beim Ganpati-Fest in Mumbai (Bombay)*

DIE WICHTIGSTEN GOTTHEITEN

sein Geburtstag – Ganesh Chaturthi oder Ganpati Festival – überschwänglich gefeiert wird. Kleine und große Figuren von Ganesha werden durch die Stadt getragen und dann unter Gebeten im Meer versenkt.

Parvati

Shivas Gemahlin Parvati gilt als Manifestation von **Shakti, der weiblichen Energie,** so wie Shiva die männliche Energie symbolisiert. Parvati ist der Inbegriff von Schönheit und schon ihr Anblick genügte oft genug, in Shiva unkontrollierbare Lust auszulösen. Die göttlichen Kopulationen dauerten gelegentlich mehrere Äonen. Nach einer dieser ausgedehnten Liebesbegegnungen soll das Paar sich im Nichts aufgelöst haben, um sich dann als Shivalingam und Yoni zu manifestieren.

Shiva und Parvati hatten zwei **Kinder,** den sechsköpfigen Gott des Krieges Karttikeya, und Ganesha. Da sich Shiva allzu gerne dem Opium und Ha-

▼ *Shiva-Parvati-Tempel mit Nandi-Bulle in Tiruvannamalai, Tamil Nadu*

DIE WICHTIGSTEN GOTTHEITEN

schisch hingab und seine Familie vernachlässigte, beschwor er so manches Mal Parvatis Zorn herauf. Nach jeder der göttlichen Familienkrisen gab es jedoch wieder eine Versöhnung.

Parvati erscheint auch unter den **Namen** Kali, Durga, Bhavani, Umadevi und – in Südindien – als Mariammam, „Mutter des Todes".

Kali

Kali, die „Schwarze", gilt als Ehefrau Shivas, repräsentiert in dieser Form aber den schrecklichen, fruchttragenden Aspekt der weiblichen Energie.

Kali wird schwarz **dargestellt,** mit Schreck einflößendem Gesichtsausdruck und einer Kette aus Totenschädeln um den Hals. In ihren vier Händen hält sie einen Dolch, ein Schwert und zwei abgeschnittene Menschenköpfe.

In früheren Zeiten wurden Kali **Menschenopfer** dargebracht, heute beschränkt man sich auf das Blut von Tieren, so z.B. Ziegen oder Hühnern. Im ländlichen Indien kommen Menschenopfer allerdings noch gelegentlich vor.

Kali ist die Stammgottheit der Stadt Kolkata (wie Kalkutta heute offiziell heißt), die auch nach ihr benannt wurde: Der ursprüngliche Name lautete Kali-ghata, „Ufertreppen der Kali". Noch heute werden Kali an einer Opferstelle nahe dem Hughli-Fluss Blutopfer dargebracht. Am Dakshinkali-Tempel nahe Kathmandu werden ebenfalls Tieropfer dargebracht, vor allem dienstags und samstags, an den heiligen Tagen der Göttin.

Ein anderer Name für Kali ist **Durga.** In Kalkutta findet jedes Jahr im September oder Oktober die

---

Raubmord im Auftrag Kalis

Die berüchtigsten Anhänger Kalis waren die Thags, Gruppen von Raubmördern. Sie schlossen sich Reisenden an, um diese dann im Handstreich mit einem geweihten Taschentuch und unter Anrufung der Göttin zu erwürgen und zu berauben. Ein Teil der Beute überließen sie einem Kali-Tempel in Mirzapur im Bundesstaat Uttar Pradesh. Der Kult der Thags (oder thagi) konnte erst in der ersten Hälfte des 19. Jh. von der britischen Kolonialmacht ausgerottet werden.

DIE WICHTIGSTEN GOTTHEITEN

Durga Puja statt, ein ausuferndes Fest, bei dem Durga-Figuren aller Größen und Formen in Prozessionen herumgeführt und dann im Fluss oder im Meer versenkt werden.

▲ *Die furchterregende Durga an einem Tempel in Singapur*

> **Menschenopfer der Lambaris**
> *Eine der grausamsten Arten von Menschenopfer vollzogen die Lambaris, ein Nomadenvolk, dessen Mitglieder heute vor allem in Karnataka anzutreffen sind, aber auch in Goa, wo sie Souvenirs an Touristen verkaufen.*
> *Die Lambaris nahmen mit Vorliebe einsame Reisende gefangen, gruben ihr Opfer bis zum Hals in der Erde ein, stellten eine Kerze auf dessen Haupt, und tanzten dann im Kreis so lange darum herum, bis es elend zugrunde gegangen war.*

Weitere weniger bedeutende Gottheiten siehe im Glossar.

Die Kasten

Die Kasten

Ursprünge des Kastensystems

Wann genau die Unterteilung der hinduistischen Gesellschaft in ↗Kasten erfolgte, ist nicht mehr exakt nachzuvollziehen. Möglicherweise waren schon die Arier, als sie in Indien eindrangen, in zwei Klassen gegliedert: in die „Edlen" und in Leute aus dem gewöhnlichen Volk.

Die Arier unterwarfen die in Indien ansässigen dunkelhäutigeren Völker und bezeichneten sie als *dasa* oder *dasya*, „Sklaven". Die Unterdrückten wurden folglich den untersten sozialen Klassen zugeordnet.

Kaste
Das Wort „Kaste" stammt vom Portugiesischen „casta" und bedeutet „Rasse" oder „Gruppe". Das ursprüngliche indische Wort für Kaste war „varna", „Farbe" - ein möglicher Hinweis, dass das Kastensystem seinen Ursprung in rassischen Überlegenheitsgefühlen der Arier hatte. Schon in der Rig Veda wird die Heirat von „Weiß" mit „Schwarz" als bedauernswert beklagt. Benjamin Walker schrieb in seiner brillanten Enzyklopädie „The Hindu World": „(Der Arier) war ein weißer Mann und stolz darauf."

Das Gesetzbuch des Manu

Kodifiziert wurde das Kastensystem im Gesetzbuch des Manu (600 v. Chr.? – 300 n. Chr.?), der weitgehend auch als Urheber dieses **rigiden sozialen Systems** betrachtet wird. In seinem Gesetzbuch liefert Manu eine Erklärung zum Ursprung der verschiedenen Kasten: „Zum Zwecke des Wohlstands in den Welten", schrieb Manu, „ließ (Brahma) den Brahmanen, den Kshatriya, den Vaishya und den Shudra (respektive) aus seinem Mund, seinen Armen, seinen Hüften und seinen Füßen entstehen." Damit waren die vier Hauptkasten, die *chatur-varna*, des Hinduismus geschaffen. Da die Brahmanen aus dem Mund oder Kopf Brahmas entstanden waren, galten sie als der „Kopf" der hinduistischen Gesellschaft. Am untersten Ende stand das gemeine

◄ *Ein Priester - Mitglied der Brahmanen-Kaste*

Das Buch des Manu

Fußvolk, die Shudras oder Arbeiter, die den drei oberen Kasten zu dienen hatten.

Die Mitglieder der verschiedenen Kasten unterlagen zahllosen Verpflichtungen, die Manu penibel aufführte. Zudem konnten sie nur bestimmte Arbeiten verrichten: So waren die **Brahmanen** Priester und Gelehrte, die sich dem Studium der Veden zu widmen hatten. Die **Kshatriyas** waren Krieger und mussten das Volk beschützen. Die **Vaishyas** waren Bauern, Viehzüchter, Händler und Geldverleiher und die **Shudras** niedere Arbeiter, die den oberen drei Kasten zu dienen hatten.

> *„Zweitgeborene"*
>
> *Die obersten drei Kasten werden auch als „Zweitgeborene" (dvija) bezeichnet, da ihre männlichen Mitglieder in der Jugend einer Initiationszeremonie unterzogen werden, die ihre „zweite", spirituelle Geburt markiert. Die „Zweitgeborenen" sind an einer weißen Schnur zu erkennen, die sie unter der Kleidung um den Oberkörper gewunden tragen.*

Außerhalb dieser vier Hauptkasten waren die **„Unberührbaren"** angesiedelt. Diese wurden als spirituell so unrein angesehen, dass selbst ihr Schatten nicht auf einen Hochkastigen fallen durfte. Gingen Unberührbare durch die Straßen, so mussten sie die Höherkastigen vor der von ihnen ausgehenden Gefahr warnen. Passenderweise war ihnen nur die Verrichtung „unreiner" Arbeiten erlaubt, so die Reinigung von Straßen, die Fäkalbeseitigung, die Verarbeitung von toten Tieren und die Leichenbeseitigung.

Auch die **Justiz** verurteilte die Mitglieder der verschiedenen Kasten anhand verschiedener Maßstäbe. Ein Brahmane, der einen Mord begangen hatte, wurde nur mit einer Geldstrafe belegt, wohingegen ein Niederkastiger, der einen Brahmanen getötet hatte, zu Tode gefoltert werden konnte. Hatte der Brahmane einen Kshatriya umgebracht, musste der Brahmane eine Geldstrafe von eintausend Kühen zahlen. Hatte er eine Vaishya getötet, so betrug die Strafe einhundert Kühe und war das Opfer ein Shudra, so konnte sich der Brahmane mit nur zehn

Das Buch des Manu

> **Frauen in der Kastengesellschaft**
> *Genau so schlecht wie die Unterkastigen kommen bei Manu die Frauen weg, die er zu Wesen zweiter Klasse degradiert. „In ihrer Kindheit hat ein Mädchen ihrem Vater untertan zu sein", heißt es bei Manu, „in ihrer Jugend ihrem Mann, und wenn ihr Herrscher tot ist, dann ihren Söhnen; eine Frau darf nie unabhängig sein." Über die Tugendhaftigkeit von Frauen hat Manu folgendes zu berichten: „Es liegt in der Natur der Frau, in dieser Welt die Männer zu verführen. Deshalb bleibt der Weise in der Gesellschaft einer Frau immer wachsam." Und weiter: „Man(n) sollte nicht an einem einsamen Orte mit seiner Mutter, Schwester oder Tochter sitzen, denn die Sinne sind übermächtig und können selbst einen gelehrten Mann in ihren Bann schlagen."*

Kühen freikaufen. Letzteres war jedoch mehr oder weniger freiwillig, denn einen Shudra zu töten galt als ebenso harmlos wie das Töten einer Katze oder eines Frosches. Sollte sich ein Shudra ermuntert fühlen, „die Brahmanen arroganterweise ihre Pflichten zu lehren", so sollte ihm kochendes Öl in Mund und Ohren gegossen werden.

Verboten war in der traditionellen Hindu-Gesellschaft das **gemeinsame Einnehmen von Mahlzeiten** von Mitgliedern verschiedener Kasten. Die Gefahr, durch das Berühren von „unreinen" Ess-Utensilien selber verunreinigt zu werden, wäre zu hoch gewesen. Besonders schlecht ging es in diesem Falle den Brahmanen, die durch alle erdenklichen Speisen hätten spirituell verunreinigt werden können und sich so strikt einzuschränken hatten. Kein Wunder, dass der Beruf des Kochs bald ein Privileg der Brahmanen wurde, denn von ihnen zubereitetes Essen war für jedermann genießbar, niemand konnte dadurch verunreinigt werden.

Das Buch des Manu

Aus dem Gesetzbuch des Manu

„Ein Brahmane darf niemals essen ... Nahrung, an der eine Kuh gerochen hat, ... auch nicht Nahrung, die von einem Dieb gegeben wurde, von einem Musiker, einem Zimmermann, einem Zinswucherer, einem der zu den Shrauta-Opfern initiiert wurde, einem Geizhals, von jemandem, der in Ketten gebunden ist, von jemandem, der einer Todsünde bezichtigt wird, von einem Hermaphroditen, einer unkeuschen Frau, ... genau so wenig das Essen, überreicht von einem Arzt, einem Jäger, ... von einem Schauspieler, einem Schneider, oder einem undankbaren Mann, ... von einer Frau, die keine männlichen Anverwandten hat, ... von Leuten, die Jagdhunde ausbilden, von Gastwirten, von einem Wäscher, einem Färber, einem gnadenlosen Mann, einem Mann, in dessen Haus der Geliebte seiner Frau lebt, auch nicht von Männern, deren Frauen ohne ihr Mitwissen Geliebte halten, und auch nicht von solchen Männern, die in allen Dingen von Frauen beherrscht werden ..."

▶ Frau aus dem Volk der Lambari, die zu den Kastenlosen gerechnet werden

Innerhalb der Hauptkasten bildeten sich zahlreiche **Unterkasten** und heute wird angenommen, dass es insgesamt etwa 3.000 Unterkasten gibt, welche sich noch einmal in 25.000 **„Sub-Kasten"** aufgliedern. Niemand kennt die genaue Zahl. Viele der Unterkasten existieren nur in bestimmten Gebieten.

Gelegentlich kommen noch einige Kasten hinzu: Als zum Beispiel in Bengalen eine neue Ölpresse eingeführt wurde, wehrten sich die Traditionalisten gegen das neue Gerät. Wer die neue Presse benutzte, wurde aus der gemeinsamen Kaste der Ölpresser ausgestoßen. Daraufhin bildeten die Betroffenen eine eigene Kaste. Selbst Ehen zwischen Mitgliedern der beiden Kasten waren nun verboten.

Kasten im heutigen Indien

Heute spielt die Kaste *offiziell* keine Rolle in Indien oder Nepal mehr. **Vor dem Gesetz** ist jeder Bürger gleich. In Indien sind sogar Beleidigungen, die auf die Kaste eines Mitmenschen abzielen, gesetzlich verboten und Kastenlosen wird der Zugang zu staatlichen Beschäftigungen durch günstige Aufnahmequoten, den so genannten *reservations*, erleichtert – sehr zum Unwillen der Höherkastigen.

Im privaten Bereich sieht es jedoch ganz anders aus. Hochzeiten werden traditionell nur innerhalb der eigenen Kaste gefeiert, wobei allerdings die Unterkaste (*gotra*) unterschiedlich sein muss. Personen der selben Unterkaste werden als „Verwandte" betrachtet und eine Hochzeit zwischen diesen käme Inzest gleich. In großen Metropolen wie Delhi, Mumbai oder Bangalore sind zwischenkastliche Ehen heute keine Seltenheit mehr. Unter der orthodoxen Landbevölkerung regt sich jedoch starker Unmut dagegen, der sich bis zu brachialer Gewalt steigern kann.

Kasten im heutigen Indien

Der Einfluss des Kastensystems auf die hinduistische Gesellschaft war immens. Da ein Wechseln von der einen in die andere Kaste, und damit häufig in einen anderen Beruf, zumeist nicht möglich war, **erstarrte die soziale Mobilität** – war der Vater ein kastenloser Schuster, so wurde auch sein Sohn ein Schuster, usw.

In einigen Fällen war das **Überwechseln in eine andere Kaste** möglich. So schrieb Manu in seinem Gesetzbuch: „Wenn (eine Frau einer Kaste) aus einer Verbindung eines Brahmanen mit einer Shudra-Frau hervorgegangen ist und sie einem Höherkastigen Kinder gebärt, so erreicht der unterkastige (Klan) nach sieben Generationen den Stand der höchsten Kaste." In indischen Legenden werden gelegentlich Unterkastige aufgrund ihrer hohen Tugend zu Brahmanen erhoben. Umgekehrt konnte auch ein Brahmane einen Absturz ins Shudra-tum herbeiführen.

> **Familiennamen und Kaste**
> *Da die Kaste oft am Nachnamen zu erkennen ist, wird zu Personen mit hochkastigem Namen oft unbewusst aufgeschaut, wohingegen Niederkastige möglicherweise etwas belächelt werden. So mancher Niederkastige „erhöhte" sich aber selbst, indem er seinen Wohnort wechselte und sich in seiner neuen Heimat kurzum den Nachnamen eines Höherkastigen zulegte. Ähnliches geschieht noch heute: Unter den in Thailand lebenden Nordindern gibt es z.B. einige Yadav (Mitglieder der Shudra-Kaste und traditionell Hirten), die sich durch Zulegen eines brahmanischen, nordindischen Nachnamens (z.B. Dubey, Pandey o.ä.) kurzerhand zu Brahmanen aufgeschwungen haben!*

Durch die Aufsplittung der Gesellschaft in zahllose Sub-Gruppen, die sich gegenseitig in Schach hielten, war zwar der **soziale Friede** gesichert, allerdings auf Kosten der vielen Unterkastigen oder Kastenlosen, die oft ein menschenunwürdiges Leben fristeten.

Die **Vorteile des Kastenwesens** genossen in der Vergangenheit vor allem die Brahmanen: Verstießen Mitglieder der ihnen unterstellten Kasten gegen den Wust von sozialen Regeln, so konnten sie sich durch bestimmte Rituale von der „Sünde" rein waschen. Die Rituale wurden selbstverständ-

Kasten im heutigen Indien

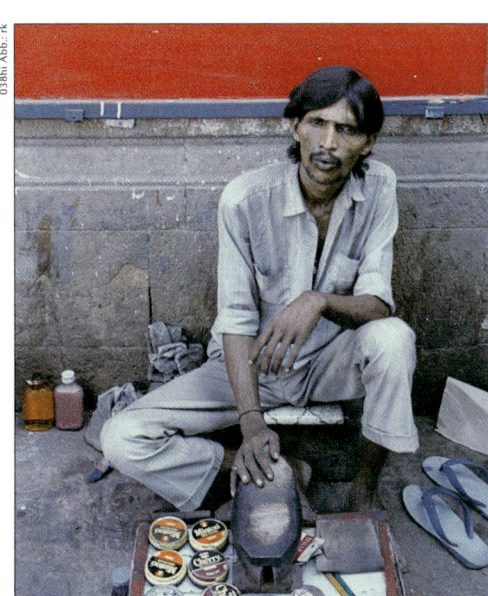

◀ *Die Arbeit mit Schuhen oder Leder steht traditionell nur Kastenlosen oder Nicht-Hindus zu*

lich oft von den Brahmanen vollzogen, die daran verdienten. In vielen Fällen konnten sich die Frevler von ihren Missetaten durch die Zahlung einiger Kühe und von ein paar Kilo Butter an die Brahmanen freikaufen.

Der **Zorn vieler „Unberührbarer"** richtet sich heute verständlicherweise gegen Manu und sein Gesetzbuch, das ihnen das Leben so schwer gemacht hat. Der Zeitgeist steht auf ihrer Seite und statt als „Unberührbare" werden die Kastenlosen heute politisch korrekt als *dalit* bezeichnet, als „Unterdrückte". Zuvor war der von Mahatma Gandhi geprägte Begriff *harijan*, „Kinder Gottes", in Gebrauch, dieser hatte aber im Laufe der Jahrzehnte seine euphemistische Wirkung verloren und sogar einen negativen Beiklang bekommen.

Tod, Erlösung und Wiedergeburt

Tod, Erlösung und Wiedergeburt

Seelenwanderung

Für den Hindu ist der Tod mitnichten das Ende aller Dinge. Nach dem Tod verbleibt die Seele in einer Art Zwischenstadium oder „Nach-Tod-Stadium" (*pretya-bhava*) einige Tage auf der Erde, um dann im Reich des Totengottes Yama ob der im Leben begangenen Taten gerichtet zu werden. Dabei werden die guten und schlechten Taten des Verstorbenen verlesen, ebenso werden Absichten, Gedanken und Begierden durchleuchtet. Am Ende des Prozesses steht die Reinkarnation oder Wiedergeburt in einem Körper, der genau dem *karma*, der Summe der guten oder schlechten Taten im vorangegangenen Leben, entspricht. Dabei ist auch die Wiedergeburt als Tier oder Pflanze möglich – die Inkarnation als Mensch gilt als ein großes Glück.

Während ihrer Existenz durchläuft die Seele den Prozess von Tod und Wiedergeburt unzählige Male, bis sie schließlich von diesem **Kreislauf der Wiedergeburten** oder *samsara* befreit ist und die **Erlösung** (*moksha* oder *mukti*) erlangt. Gute Taten, Meditation, Opfer, Asketentum, geistige Disziplin oder die vollkommene Hingabe an einen Gott beschleunigen den Prozess.

Es gibt zahllose verschiedene **Wege** (*marga*) **zur Erlösung,** die je nach Charakter des Erlösung Suchenden mehr oder weniger für ihn geeignet sind. Einige davon können sich sogar gegenseitig widersprechen oder wirken abstrus oder gar „pervers" (siehe im folgenden Kapitel).

Die Idee von der Seelenwanderung, der Wiedergeburt einer Seele in einer anderen körperlichen Manifestation, gehörte nicht zu den kardinalen Glaubenspfeilern der arischen Stämme, sondern wurde vermutlich von den Ureinwohnern Indiens

◀ *Asket mit dem Abbild des Heiligen Sai Baba*

Todeszeremonien

übernommen. Die Arier verfeinerten das System und schufen ein ausgefeiltes Glaubensgebäude um den **Tod mit zahlreichen Ritualen und Bräuchen.**

Todeszeremonien

Bis heute wird in ländlichen Gebieten beim drohenden Tod eines Mitglieds der drei „Zweitgeborenen"-Kasten eine Kuh herbei geholt. Der **im Sterben liegende** hat dann den Schwanz der Kuh zu ergreifen. Dem Glauben nach führt die Kuh die Seele des Verstorbenen über den mit Schmutz und Fäkalien angefüllten Fluss Vaitarni ins Reich des Totengottes Yama. Ohne Hilfe der Kuh könnte sich die Seele verirren. Kann die Kuh nicht ins Zimmer des Sterbenden gebracht werden, so bleibt sie vor der Tür und an ihren Schwanz wird ein Seil gebunden, dessen anderes Ende um die Hand des Sterbenden gewickelt wird. In die andere Hand bekommt er einige Blätter des heiligen Tulsi-Strauches gelegt. In den Mund wird eine heilige, spirituell reinigende Mixtur namens *pancha-gavya* eingeflößt. Diese besteht aus Milch, Joghurt, ↗Ghi (geklärte Butter), Kuhurin und Kuhdung. Ist der Tod eingetreten, wird auf die Stirn des Leichnams ein Stück Butter platziert: Schmilzt die Butter nicht, so hat man die Gewissheit, dass der Körper kalt und somit verstorben ist.

Nach dem Tod wird die Leiche gewaschen, Haare und Nägel werden geschnitten, sie wird in ein neues Kleid gehüllt und die Zehen werden mit ei-

Ghi
Ghi wird aus Butter zubereitet, die so lange eingekocht wird, bis alles Wasser verdampft ist. Übrig bleibt eine gelbliche Flüssigkeit, die als völlig rein (shuddh), spirituell reinigend und als das optimale Kochfett gilt. In der traditionellen Kochkunst wird zwischen dem Kochen mit und ohne Ghi unterschieden. In der Ayurveda gilt Ghi als Stärkungsmittel sowie verdauungs- und gedächtnisfördernd. Aus Muttermilch zubereitetes Ghi gilt als Neutralisator gegen Gifte und als der Sehkraft förderlich. Ghi wird schon seit Tausenden Jahren in Indien konsumiert und um das 2. Jahrhundert nach Rom exportiert, wo es zum Kochen und Opferriten verwendet wurde.

TODESZEREMONIEN

ner Schnur zusammengebunden, zum Zeichen, dass nun alle Aktivität beendet ist.

Dann wird die Leiche so schnell wie möglich in einer „Leichen-Reise" (*shav-yatra*) oder **Prozession** zu einem Verbrennungsort gebracht. In Nordindien wird während der Prozession von den Teilnehmern im Chor eine fromme Formel gerufen: ↗*Ram nam satya hai!*" – „Der Name Gottes ist die Wahrheit!"

Das „Ufer der Toten" (*murda-ghat*), die **Verbrennungsstätte**, befindet sich zumeist an einem Fluss. Tote werden verbrannt, da angenommen wird, dass die Seele nicht weiter wandern kann, solange der Körper physisch intakt bleibt. Ausgenommen von dieser Regel sind nur Kleinkinder, Yogis oder Sadhus, die beerdigt werden.

Nach Ankunft am Verbrennungsplatz wird der Tote in einigen Gebieten auf seiner Bahre so am Ufer abgestellt, dass die Füße das Wasser berühren. Währenddessen wird von Helfern, die zumeist den kastenlosen, verpönten Dom angehören, ein **Scheiterhaufen** aufgeschichtet. Dabei entscheidet der Wohlstand der Familie des Verstorbenen, ob teures Sandalholz oder billigeres Brennmaterial verwendet wird. Manche Familien können sich nur sehr wenig Holz leisten und die Leiche verbrennt oft nur unvollkommen.

Handelt es sich um einen männlichen Toten, der eine **Witwe** hinterlässt, so zerschlägt diese nun unter offensichtlicher Trauer ihre Armreifen, die zu den Zeichen einer verheirateten Frau gehören.

Vor der Verbrennung werden von einem Priester heilige Verse rezitiert, die den Toten wieder zum Leben erwecken sollen. Gelingt dies nicht, so verkündet der Priester, dass tatsächlich der Tod eingetreten ist und man schreitet zu den letzten Riten. Die Anverwandten des Verstorbenen umschreiten nun den Scheiterhaufen und am Ende setzt der älteste Sohn den Scheiterhaufen in Brand.

Ram nam satya hai! *Straßenjungen, die sich aus reinem Übermut den Prozessionen anschließen, reimen auf „Ram nam satya hai!" gelegentlich „Murda sala mast hai!", übersetzt etwa: „Toll, dass der dumme Hund tot ist!"*

Tod und Wiedergeburt

Die sieben Höllen

Die sieben Höllen im Hinduismus

In der Praxis hat die Vorstellung von der Hölle (naraka) heute keine große Bedeutung, schließlich liegt die wahre Belohnung oder Bestrafung für vorangegangene Taten in der Qualität der Wiedergeburt. Trotzdem seien die verschiedenen Höllen zur Information (oder zur Abschreckung?) einmal aufgeführt:

- *__Put:__ Die relativ milde Hölle der sohnlosen Männer.*

- *__Avichi:__ Eine ebenfalls milde Hölle, in der Menschen nach ihrer gerechten Bestrafung auf die Wiedergeburt auf der Erde warten.*

- *__Samhata:__ Eine stark bevölkerte Hölle für die Mehrheit der bösen Menschen*

- *__Tamisra:__ Eine übel riechende, stinkende Hölle, auch puti-mrittika genannt, „Stink-Erde".*

- *__Rijisha:__ Eine Hölle, in der die wild umher eilenden Insassen von ihrem schlechten Gewissen geplagt werden, das ihnen in Form von Schlangen, wilden Tieren und giftigen Insekten erscheint.*

- *__Kudmala:__ Eine Hölle, die sich auf dem Vaitarni-Fluss befindet. Die Körper der Insassen sind mit „knospenhaften" Lepra-Geschwüren überdeckt.*

- *__Kakola__ oder __Talatala:__ Die „wirkliche" Hölle. Eine bodenlose, stockfinstere Grube voller unvorstellbarer Qualen. Die Insassen können nicht mehr auf Wiedergeburt hoffen und werden auf alle erdenklichen grausamen Arten von den Raurava gefoltert, den dämonischen Helfern von Ruru oder Shiva.*

TODESZEREMONIEN

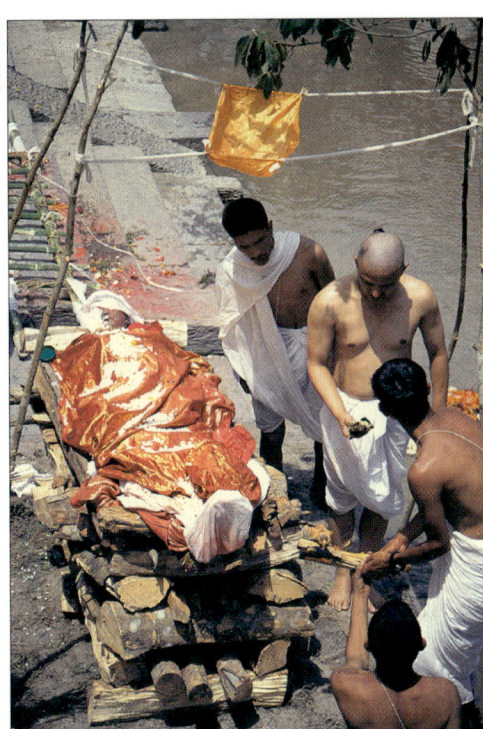

◀ Leichenverbrennung in Kathmandu

Ohne einen Sohn kann nach hinduistischer Auffassung der Verstorbene zur Hölle verdammt werden: Die mildeste der sieben **Höllen** des Hinduismus ist *put* oder *pud*, in die solche Männer verdammt werden, die keinen Sohn gezeugt haben. Die Geburt eines Sohnes befreit von der Aussicht auf diese Hölle, weshalb „Sohn" auf Sanskrit *putra* heißt, wörtlich der „Befreier von der Hölle". In die *put* musste sogar der Weise Mandapala einziehen, weil er nicht geheiratet und keine Söhne gezeugt hatte.

Befreiung von der Wiedergeburt

Nach der Verbrennung wird die **Asche des Verstorbenen** in den Fluss gestreut. Im Idealfall wäre dies der heilige Ganges (vor allem in Benares), zu dem viele ältere Menschen pilgern, um an den Ufern auf ihren Tod zu warten. Ein weiterer beliebter Sterbeort ist Devghat in Nepal, gelegen am Zusammenfluss (*sangam*) der Flüsse Narayani und Kali Gandaki. In der Not kann aber auch das Meer die Funktion übernehmen. In ↗Mumbai beispielsweise streuen die Verwandten die Asche von Verstorbenen, die in einem hochmodernen Krematorium verbrannt wurden, ins Arabische Meer.

Goldwäscher in Mumbai
An einem Shiva-Schrein am Marine Drive, wo die Asche der Toten ins Meer gestreut wird, finden sich auch einige „Goldwäscher" ein. Sie sieben übrig gebliebenes Zahngold und unvollständig geschmolzene Goldohrringe aus dem Sand des Meeres und verkaufen die Ausbeute an örtliche Juweliere.

Mukti – Befreiung von der Wiedergeburt

Im günstigsten, allerdings höchst seltenen Fall wird der Verstorbene *mukti* erreicht haben, die **Befreiung aus dem Kreis der Wiedergeburten**. Zumindest aber sollte er dieser einen kleinen Schritt näher gekommen sein. Die Erlösung von den Wiedergeburten und das Aufgehen im Reich des Höchsten ist das Hauptziel des Hinduismus. Insgesamt kennt der Hinduismus vier Lebensziele; materielle, moralische und spirituelle:
1) **Artha:** Wohlstand und materieller Besitz,
2) **Kama:** physische Liebe,
3) **Dharma:** Rechtschaffenheit und Ethik,
4) **Mukti** oder **Moksha:** Erlösung durch spirituelle Einsicht oder spirituelles Wissen.

Mukti oder *moksha* werden als „der höchste Reichtum" (*param-artha*) bezeichnet.

Auf dem hindernisreichen Weg zur Erlösung helfen **Tugenden** (*punya*) wie Nicht-Verletzen und

Befreiung von der Wiedergeburt

◀ *Sadhu in Ujjain, der es sich zur Aufgabe gemacht hat, Durstigen Wasser zu reichen – eine Form von Karma Yoga, eine Art Yoga der guten Taten*

Nicht-Töten (*ahimsa*), Nicht-Stehlen (*asteya*), Enthaltsamkeit (*brahmacharya*), Freundlichkeit (*maitri*), Pflichterfüllung (*dharma*), Mitgefühl (*karuna*), Standhaftigkeit (*virya*), Selbstbeherrschung (*dama*), Reinheit (*shaucha*), Hingabe ans göttliche Prinzip (*bhakti*) und Glaube (*shraddha*).

Die **Summe der angehäuften Tugenden** lässt auf eine bessere Wiedergeburt und ein Näherrücken ans Ziel der Erlösung hoffen. Leiden in diesem Leben ist nichts anders als die „Frucht" (*phala*) untugendhafter Taten in vorangegangenen Leben und somit ein Hinweis darauf, in diesem Leben nicht dieselben Fehler wieder zu begehen.

Tantra und Kamasutra

Tantra und Kamasutra

Vama Marga – der linkshändige Pfad

Eine bekannte und treffende Charakterisierung Indiens lautet: Was immer man über das Land zu Recht sagen möge, es kann genau so zu Recht das Gegenteil behauptet werden. Diese **Widersprüchlichkeit** gilt auch für den Hinduismus. Neben den orthodoxen Methoden, sich der Erlösung zu nähern, werden auch Mittel und Wege gesucht, die völlig konträr zu den herkömmlichen Methoden stehen. Diese **„Anti-Methodik"** wird oft als *vama marga* bezeichnet, als „linkshändiger Pfad". Dabei wird genau das praktiziert, was im orthodoxen Hinduismus verboten ist.

Tantra

Die Lehren des Vama-Marga werden kollektiv als ↗Tantra bezeichnet.

Die Adepten des *vama-marga* spalten sich in viele obskure Gruppen, die alle irgendwoher eine Begründung für ihr Tun ableiten. Da sind zum Beispiel die **Aghoris,** die „furchtlosen" oder auch „furchterregenden" Sadhus, die sich mit Vorliebe an Verbrennungsplätzen niederlassen. Hier meditieren sie über den Tod, trinken Wasser aus Trinkgefäßen, die aus Hirnschalen hergestellt sind. Sie verzehren das Fleisch unvollkommen verbrannter Leichen. Man sage ihnen sogar ↗Nekrophilie nach – der Bruch eines der höchsten Tabus in jedweder Gesellschaft.

Die Rechtfertigung für ihre Methoden leiten die Aghoris aus mehreren Schriften ab. Die Schrift Kulanarva Tantra besagt, dass der Yogi durch die Handlungen, die den Menschen in der Hölle schmoren lassen, die Erleuchtung findet. Eine ande-

Tantra:
Das Wort stammt von der Sanskrit-Wurzel „tan" (strecken, dehnen) und soll andeuten, dass durch sie die Fähigkeiten des Menschen extrem ausgedehnt werden können.

Nekrophilie:
auf Leichen gerichteter Sexualtrieb

re Schrift vertritt den Standpunkt, dass „der weise Mann den Schmutz in seinem Geiste durch Schmutz beseitigen wird, so wie „ein Dorn durch einen anderen Dorn entfernt werden kann".

Die Anhänger des *vama-marga* sind überzeugt, dass die Göttin Shakti durch jede Art von Unrechtheit (*nirdharma*) erfreut werden kann. Der Mystiker Goraknath (frühes 12. Jh.) gründete den **Kult der Kanphata Yogis,** die sich durch allerlei bizarre Techniken unsterblich machen oder zumindest mit übernatürlichen Kräften auszustatten gedachten. Während der Initiation in den Kult wurden die Aspiranten symbolisch getötet, an einen Baum gehangen und ihre Eingeweide wurden „ausgespült" – wie auch immer dies vor sich gegangen sein mag. Die Kanphata Yogis leiteten ihren Namen von einem großen Ohrring her, den sie sich durch die Ohrmuscheln zogen, und der die Ohren zu spalten schien. Während ihrer Initiations-Zeremonie hatten die Kanphatas ein Gelübde abzulegen, ihre Ohren stets zu schützen. *Kan-phata* bedeutet so viel wie „Spalt-Ohr".

Nicht minder radikal waren auch die **Kapalikas,** die „Totenschädler", so benannt nach der Halskette aus Totenköpfen, mit der Shiva oft dargestellt wird. Die Kapalikas lehnten jede Kleidung ab, beschmierten ihren Körper mit der Asche von Toten und wuschen sich nie, aus Angst, etwas von ihrer spirituellen Kraft zu verlieren. Auch in ihrer Lehre kam Nekrophilie vor.

Zwar hat der „linkshändige Pfad" heute keine große Bedeutung im Hinduismus, völlig ausgestorben ist er jedoch nicht. Besonders an Verbrennungstätten finden sich noch immer einige seiner Anhänger ein. Sie sind lebende Beweise für die immense Vielfalt, die sich hinter dem Begriff Hinduismus verbirgt.

Sexuelle Praktiken

Tantra und sexuelle Praktiken

Im Westen wird Tantra zumeist mit sexuellen Techniken gleichgesetzt. Diese machen in Wahrheit jedoch nur einen Teil der Tantra-Lehren aus. Von einigen Suchenden wurde der Geschlechtsakt als meditative Technik betrachtet, wobei alle gesellschaftlichen Tabus über Bord geworfen wurden.

Beim Ritus der Chakra-Puja zum Beispiel wurden die Paare durch Losziehen bestimmt und dabei kam es auch zum Geschlechtsakt zwischen Mutter und Sohn oder Bruder und Schwester. Das **Brechen des Inzest-Tabus** sollte die Teilnehmer der Göttin Shakti nahe führen.

Beim **Geschlechtsakt** hatten die Männer ihre Partnerinnen als Manifestationen von Shakti zu betrachten und die Frauen sahen die Männer als „Helden" *(vira)* an. Die Männer waren während des Geschlechtsaktes *(maithuna)* darauf bedacht, keinen Samen zu vergeuden. Der Same sollte stattdessen in spirituelle Energie umgewandelt werden – was gewiss nicht immer gelang.

Eines der **Zentren des sexuellen Tantra** war der Tempel von Kamakshya (auch Kamakhya) bei Guwahati in Assam. Zu Baubeginn des Tempels im Jahre 1565 ließen sich 140 Männer freiwillig hinrichten und ihre Köpfe wurden der Göttin Shakti auf Tabletts dargebracht.

Blutopfer sind ein wesentlicher Bestandteil des Tantra. Bis 1832 wurden an diesem Tempel Menschenopfer *(purusha-medha)* vollzogen.

All diese erotischen Anwandlungen werden gemäßigt oder überlagert durch die weit verbreitete **Yoga-Philosophie,** in der die Selbstkontrolle *(yama)* eine grundlegende Rolle spielt. Von spirituell-sexuellen Tantra-Übungen sind die allermeisten Hindus heute sehr weit entfernt.

Kamasutra

Sexuelle Praktiken werden im Westen wohl am ehesten mit der Kamasutra in Zusammenhang gebracht. Die Kamasutra, das „Manual der körperlichen Liebe" von Vatsyayana (5. Jh.), ist keine religiöse Schrift, es sei denn, man betrachtet die Erfüllung eines der Ziele des Hinduismus, nämlich *kama*, die physische Liebe, als religiöse Pflicht. Doch kaum ein Hindu tut das.

Die Kamasutra ist vielmehr eine detaillierte Anleitungsfibel zu sexueller Erfüllung. Angeblich war **Vatsyayana** zeitlebens ein *brahmachari*, sexuell abstinent, und schrieb ohne eigene Erfahrungen zu dem Thema. Dies mag aber schlichtweg Erfindung sein, um Vatsyayana hochzustilisieren.

Sexuelle Abstinenzler werden in der hinduistischen Gesellschaft als spirituell fortgeschrittener und geistesklarer angesehen als der lustverklärte Durchschnittsbürger. Außerdem gelten sie als weni-

▶ *Tantra-Relief*

ger materialistisch eingestellt, da sie keine Familie haben, für die sie Reichtümer anhäufen könnten.

Wie auch immer: Vatsyanaya ist der Meister der sexuellen Literatur Indiens, oft kopiert, doch nie erreicht. **Zahlreiche weitere Schriften** befassen sich mit dem Thema Erotik: Ein gewisser Dattaka schrieb eine penible Abhandlung über Prostituierte und Ganikaputra (wörtl. „Hurensohn") verfasste ein Manual über den sexuellen Umgang mit den Frauen anderer Männer. Kuchumchara befasste sich mit dem erotischen Stimulieren durch Liebestränke, Magie und Aphrodisiaka.

Frauen und Sünde im Hinduismus

Wie in anderen Religionen auch, so wurde Sex im Hinduismus großteils mit dem **Hauch der Sündhaftigkeit** belegt. Als Sünderinnen wurden vornehmlich die **Frauen abgestempelt:** Frauen galten als unersättliche Monster, die, außerhalb der zügelnden Kontrolle eines Mannes, allzeit zu Schandtaten bereit waren. Tugendhafte Frauen waren solche, die zufällig keine Gelegenheit hatten, „sich den niedrigsten der Männer hinzugeben", oder die Angst vor Entdeckung hatten. Selbst in der ehrwürdigen Bhagavad-Gita werden Frauen mit Sündern, Sklaven und Kastenlosen in einem Atemzug erwähnt. Das berüchtigte Gesetzbuch des Manu verkündete, dass das Töten einer Frau nur ein leichtes Vergehen sei – ähnlich dem Trinken von Alkohol. Kein Wunder, dass unter indischen Feministinnen Manu Feind Nummer Eins ist.

Hinduismus in der Praxis

▶ *Guru und Schüler am Pashupatinath-Tempel in Kathmandu*

Hinduismus in der Praxis

Der Hinduismus in der Praxis

Hinduismus im Alltagsleben

DER HAUSSCHREIN

Hinduismus im Alltagsleben

Für die meisten Hindus ist der Glaube fester Bestandteil ihres Alltagslebens. Sie sind im Allgemeinen sehr gläubig, religiös und eifrig beim Erfüllen ihrer kleineren alltäglichen religiösen Pflichten. Es gibt aber nur wenige, die sich voll ihrer Religion widmen. Darin unterscheiden sie sich nicht von den Anhängern aller anderen Religionsgemeinschaften der Erde.

Der Hausschrein

In jedem Hindu-Haushalt findet sich ein kleiner Schrein, bestehend aus einem Bild oder einer kleinen **Figur** *(murti)* einer Gottheit, die täglich einer frischen **Blumengirlande** versehen wird. Dazu werden vor dem Schrein oft **Räucherstäbchen** angezündet, wohlriechende Stäbchen, hergestellt aus dem Sandel- oder Aloen-Holz.

Wie viele Hindus gibt es und wo leben sie?
Derzeit gibt es weltweit etwa 900 Mio Hindus. Damit steht der Hinduismus in der Liste der Weltreligionen nach dem Christentum (2 Mrd.) und dem Islam (1,3 Mrd.) an dritter Stelle.
Die weitaus meisten Hindus leben in Indien (über 850 Mio), weitere in Nepal und Sri Lanka. Hinduistische Minderheiten finden sich in Myanmar (Burma), auf Mauritius und Fiji, in Indonesien (Bali), in ehemaligen englischen Besitztümern in der Karibik und in geringem Maße fast in jedem Land der Welt.

Morgens verharren die meisten Hindus zu einem kurzen **Gebet vor ihrem Hausschrein,** die Hände ehrfurchtsvoll vor der Stirn gefaltet. Diese Andacht *(puja)* dauert oft nur einige Sekunden, höchstens einige Minuten und dann fühlt man sich spirituell gestärkt, das Tagewerk zu beginnen. Ohne diesen *darshan*, den „Anblick" der erwählten Stammgottheit würden viele Hindus keinen Schritt vor die Tür machen. Ausnahmen gibt es allerdings in den großen Städten, wo das pünktliche Erscheinen im Büro oft wichtiger ist als die religiöse Andacht.

Die **Wahl der Gottheit,** die in dem Schrein verehrt wird, unterliegt keinerlei Beschränkung – jede

◀ *Diese Pilgerin tastet mit ihrer im Beutel versteckten Hand eine Art Rosenkranz ab. Dabei sagt sie unablässig Mantras auf und zählt sie mit den Perlen des Rosenkranzes.*

DER HAUSSCHREIN

Familie wählt die Gottheit, die ihr aus irgendeinem Grunde am meisten zusagt oder aber die von der Familie seit Generationen traditionell verehrt wird.

Derartige **„Familiengottheiten"** werden *kul-devata* genannt. Dies mag eine relativ unbekannte ↗Lokalgottheit sein und obwohl die Familie schon seit Generationen aus ihrer angestammten Region fort gezogen sein mag, so wird sie ihrer *kul-devata* dennoch treu bleiben. Tradition ist von grundlegender Bedeutung auf dem indischen Subkontinent.

Lokalgottheiten
Beispiele für Lokalgottheiten sind Khandoba oder Vitthal (verehrt im südlichen Maharashtra), Parashurama (in der Konkan-Region von Maharashtra), Yellamma (Karnataka und Andhra Pradesh), Mangeshwar (Goa), Venkateshwara (Andhra Pradesh und Tamil Nadu), Annapurna (Nepal) und Hariti, die „Göttin der Masern" (Nepal).

Lokalgottheit oder nicht, in den meisten Fällen wird die verehrte Gottheit eine sehr wohlwollende sein, so wie Ganesha, Krishna, Rama, die Göttin des Glücks, Lakshmi, oder vielleicht noch der nicht immer ganz so umgängliche Shiva. Nur ganz selten wird die Wahl auf die furchterregende Kali oder Durga fallen und ganz sicher nicht auf den Todesgott Yama.

▼ *Bildnis des Lokalheiligen Basava in einem Dorf in Karnataka*

Religiöse Handlungen unterwegs

Gelegentlich wird ein **göttliches Ehepaar** verehrt, beispielsweise Shiva mit seiner Gemahlin Parvati oder Krishna und Radha. Der Wahl sind also kaum Grenzen gesetzt; wichtig ist allein, dass die Anbetung mit Inbrunst und Aufrichtigkeit erfolgt.

Oft werden vor dem Schrein **Essensgaben** abgelegt (z.B. kleine Bananen, Orangen oder Süßigkeiten) als Opfer für die Gottheit, die davon speisen soll. Nachdem die Gottheit davon symbolisch gekostet hat, ist die Gabe zu ↗Prasad geworden, d.h. zu einer heiligen, spirituell reinigenden Speise, die von einem göttlichen Hauch erfüllt ist.

Prasad
Das Verspeisen des Prasad gilt als segensreich und niemand wird ein Angebot dazu ablehnen. Prasad gilt als so rein, dass es beim Verzehr angeblich gänzlich in geistige Energie (manas) umgewandelt wird und davon keinerlei Rückstände (Kot) zurückbleiben. In vielen Tempeln verteilen die Priester kleine Gaben von Prasad an die Gläubigen, zumeist Süßspeisen.

Religiöse Handlungen unterwegs

Auch außerhalb des Hauses wird der Alltag des orthodoxen Hindus immer wieder von religiösen Handlungen unterbrochen. **Begegnet man einer heiligen Kuh**, so wird man diese vielleicht kurz mit der Hand berühren, um dann die Hand in einer Geste der Selbstsegnung kurz zur Stirn zu führen. Kühe gelten als Manifestationen der Glücksgöttin Lakshmi und allein ihre Präsenz bringt Segen. Oft ziehen Frauen mit einer Kuh durch die Straßen und offerieren Passanten gegen Geld etwas Futter. Damit wird die Kuh gefüttert, was dem Spender ebenfalls zu weiterem Segen verhilft.

Segensreicher Kuh-Urin
Als segensreich gilt auch der Urin der Kuh. Uriniert sie, so fangen manche Gläubige mit der Hand etwas Urin auf und streichen ihn dann auf ihr Haupt. Sogar im modernen Mumbai habe ich erlebt, wie ein junger Büroangestellter auf dem Weg zur Arbeit flugs zu einer urinierenden Kuh eilte, um etwas des göttlichen Nasses aufzufangen und auf sein Haar aufzutragen.

Die Kokosnuss als Symbol

Die Kokosnuss als Symbol

Das Opfern von Kokosnüssen kann symbolisch als Menschenopfer verstanden werden. Die Nuss repräsentiert dabei den menschlichen Schädel. Schließlich weist sie mit dem Schädel einige Gemeinsamkeiten auf: eine harte Schale, die mit einer Art von „Haar" bedeckt ist. Kokosnüsse ohne „Haar"-Bedeckung werden nicht geopfert, da ihre Opferung nutzlos wäre.

Die Kokosnuss wird auch mit Shiva assoziiert, da die Nuss drei „Augen" hat, die an die Augen Shivas erinnern (zwei normale Augen und das dritte, mystische Auge über der Nasenwurzel).

Nebenbei gilt die Kokosnuss als eine Art Fruchtbarkeitssymbol, das sowohl Nahrung als auch Flüssigkeit spendet. Traditionell werden Schiffe durch das Aufschlagen einer Kokosnuss getauft, so wie im Westen dafür eine Flasche Champagner „geopfert" wird.

Nicht aufgeschlagen werden dürfen Kokosnüsse in Anwesenheit einer schwangeren Frau, da angenommen wird, dasselbe könnte mit dem Kopf des ungeborenen Kindes geschehen.

Beim Passieren von **Straßenschreinen,** egal welcher Gottheit sie geweiht sein mögen, werden viele Hindus kurz innehalten und die Hände vor der Stirn falten. Vor den Götterfiguren an den Schreinen oder in Tempeln werden oft ↗Kokosnüsse aufgeschlagen und geopfert.

Hindu-Tempel

Zu jeder beliebigen Zeit kann der Hindu einen Tempel aufsuchen. Feste **Gebetszeiten** gibt es nicht. Die Götter heißen jedermann zu jeder Zeit willkommen.

Die **Eingänge** zu Hindu-Tempeln sind traditionell nach Osten ausgerichtet, der aufgehenden Sonne entgegen – ein Hinweis auf die große Bedeutung, die der Sonne in der vedischen Religion zukam, in der sie als eine Gottheit verehrt wurde. Bei einigen Tempeln wurden gar derlei geschickte mathematische Berechnungen angestellt, dass das Licht der aufgehenden Sonne genau zu bestimmten Tagen im Jahr exakt auf die Statue im Inneren des Tempels scheint.

An der Eingangstür zum Tempel befindet sich in der Regel eine **Glocke,** die der Tempelbesucher läutet, um die Gottheit auf seine Präsenz aufmerksam zu machen.

Vor Betreten des Tempels sind die **Schuhe abzulegen,** die als unrein gelten, da sie aus dem Leder toter Kühe gefertigt sind und mit dem Schmutz der Straße in Berührung gekommen sind. An vielen größeren Tempeln finden sich Schuhablage-Räume, in denen das Schuhwerk fein säuberlich in Fächern abgestellt und von Personal bewacht wird.

Nicht betreten werden dürfen Tempel von ↗**menstruierenden Frauen,** da sie in diesem Zustand *ashaucha* sind, „unrein", und ihn spirituell verunreinigen würden.

HINDU-TEMPEL

Der Hindu-Tempel gilt als ein Erschaffer von Glück, daher sein **Sanskrit-Name Mandira**, „das Beglückende".

Das Zentrum des Tempels ist das *garbha-griha*, das „Mutterschoß-Haus" oder Allerheiligste, in dem **die Statue** der dem Tempel geweihten Gottheit aufbewahrt wird. Dahinter befindet sich oft ein zweiter Schrein mit der Statue des Ehepartners der betreffenden Gottheit. Vor den Götterfiguren wird gebetet und gelegentlich singen ganze Gruppen von Gläubigen *kirtan* oder *bhajan*, Gesänge zu Ehren der am Ort wohnenden Gottheit.

Priester schmieren den Besuchern das **rote Tika- oder Tilak-Zeichen** auf die Stirn, da, wo das mystische allsehende „dritte Auge" vermutet wird.

Viele Gläubige umschreiten das Allerheiligste in einem Ritus, der ↗*Pradakshina* genannt wird und göttlichen Segen verspricht. Die **Umrundungen**

Frauen in der Menstruation

In der Mahabharata wird angeordnet, dass die Frau während der Menstruation nicht einmal die Figur einer Gottheit sehen darf, dies wird heute aber nicht mehr so ernst genommen. Traditionell dürfen Hindu-Frauen während ihrer Periode übrigens nicht einmal kochen.

Gemäß Manu, der menstruierenden Frauen eine ganze Reihe von Tabus auferlegte, zerstört der Beischlaf mit einer menstruierenden Frau das Gehirn des Mannes, seine Vitalität, sein Augenlicht und seine Männlichkeit. Interessanterweise wird von einigen Göttinnen-Statuen behauptet, sie bekämen ihre Periode und bluteten.

▶ *Glocken, mit den die Götter von den Besuchern erweckt werden, gibt es in jedem Tempel*

HINDU-TEMPEL

> **Warteschlangen erster und zweiter Ordnung**
>
> *Im weithin verehrten Venkateshwara-Tempel in Tirupati (Andhra Pradesh), der täglich von Zigtausenden besucht wird, gibt es eine kostenlose Warteschlange für gewöhnliche Sterbliche und eine für „V.I.P.", die für indische Verhältnisse relativ viel kostet. Vor der Statue von Venkateshwara angekommen, bleiben dem Besucher nur einige wenige Sekunden zur Andacht – und das nach oft stundenlanger Wartezeit. Der kurze darshan (Anblick der Gottheit) wird durch das am Ort zu kaufende prasad wettgemacht, das spirituell besonders wirkungsvoll sein soll.*

mögen einen symbolischen Bezug zum Rad *(chakra)* haben, das als ein archaisches Symbol der Sonne gilt und im Hinduismus in vielen Formen Ausdruck findet.

In einigen Tempeln in Südindien werden **Elefanten** gehalten, die nach Zahlung eines kleinen Obolus den Kopf der Gläubigen mit ihrem Rüssel „segnen". Ansonsten fällt diese Aufgabe den Priestern zu, die **Prasad** und einen Löffel geheiligten Wassers an die Tempelbesucher verteilen.

In manchen der bekannteren Tempeln ist der Andrang so groß, dass sich lange Warteschlangen davor bilden, und der Besucher wenn er endlich vor der Figur seiner Gottheit steht, nur ein paar Sekunden Zeit hat, um im Gebet zu verharren. Schon wird er von Priestern oder Tempelhelfern unsanft weiter geschubst, um dem Nächsten Platz zu machen.

> **Pradakshina**
>
> *Pradakshina ist unbedingt im Uhrzeigersinn durchzuführen. Anders gesagt, muss die rechte Hand des Umrundenden zur Statue der Gottheit zeigen. Anders herum würde der Ritus Unheil herbei führen und in dieser Form wird er bestenfalls von den finsteren Anhängern des obskuren „linkshändigen Pfads" absolviert, die ohnehin alles auf den Kopf stellen.*

Hindu-Tempel

Dürfen Nicht-Hindus Hindu-Tempel besuchen?

Nicht-Hindus können in Indien in den meisten Fällen die Tempel besuchen. Es gibt jedoch einige Ausnahmen.

Keinen Einlass *erhalten Nicht-Hindus zu den Tempeln im südindischen Bundesstaat Kerala. Hindu-Männer haben in Kerala einen weißen Lungi, ein um die Hüfte gewickeltes Gewand zu tragen, und der Oberkörper hat unbekleidet zu bleiben. Auch zum als sehr heilig geltenden Jagannath-Tempel von Puri, Orissa, haben Nicht-Hindus keinen Zutritt. Hier wurde sogar Indira Gandhi der Zutritt verwehrt, da sie durch die Heirat mit einem Nicht-Hindu, dem Parsen Feroze Gandhi, nach Ansicht der Jagannath-Priester keine reine Hindu mehr war. In Nepal ist Nicht-Hindus der Zutritt in das Tempelinnere generell verwehrt. Ausnahmen werden nicht gemacht.*

Die **Religionszugehörigkeit** *ist natürlich niemandem anzusehen, die Besucher werden in diesem Fall nach sekundären Merkmalen beurteilt, wie Nationalität und Aussehen. Keinem Inder oder Nepalesen, sofern sie nicht stark „moslemisch" aussehen, wird der Zutritt in nepalesischen Tempeln verwehrt. „Weiße" Besucher werden sogar dann nicht eingelassen, wenn sie sich schon lange mit dem Hinduimus beschäftigt haben und sich als Hindu fühlen. Nach landläufiger Meinung muss man zum Hindu geboren sein.*

Vor dem Tempelbesuch sind unbedingt die **Schuhe auszuziehen.** *Die Besucher sollten sich in* **„ordentlicher" Kleidung** *präsentieren, d.h. Männer sollten keine Shorts oder T-Shirts tragen, Frauen keine Kleidung, die zuviel Haut preis gibt. Beides sind eher ungeschriebene Regeln, die sich schon aus Höflichkeit von selbst verstehen.*

Hindu-Tempel

Frauen dürfen in der Periode keine Tempel aufsuchen, da die Heiligtümer sonst spirituell verunreinigt würden.

Mit Außnahme der Tempel, in denen keine Nicht-Hindus zugelassen sind, kann man an allen Pujas oder sonstigen Zeremonien teil haben. Wenn am Ende der Zeremonie vom Priester das geheiligte **Prasad gereicht** wird, sollte man dieses nicht ablehnen. Wenn man es partout nicht essen möchte (das von vielen Händen berührte und lange offen daliegende Prasad ist nicht unbegingt keimfrei!), so sollte man zumindest ein ganz winziges Stück davon zu sich nehmen. Damit ist das Ritual erfüllt und jedermann ist zufrieden.

◀ Tempelwächter und -besucherin

Die vier Lebensstadien des Hindus

Auch wenn der Alltag des Hindus von vielen religiösen Riten oder Gesten bestimmt wird, so finden nur wenige die Zeit, sich strikten Disziplinen wie Yoga oder der Meditation zu widmen. Das wird aber nicht allzu tragisch genommen, denn schließlich wird das Leben des (männlichen) Hindus in vier Lebensstadien unterteilt, von denen nur die letzten beiden ausreichend Zeit zu spirituellen Aktivitäten bieten.

▶ *Betender Junge vor Statue von Hanuman*

Die vier Lebensstadien des Hindus

Das erste Lebensstadium ist *brahmacharya*, die „Enthaltsamkeit" oder **Jugend vor der Heirat,** in der man sich Wissen anzueignen hat, darunter auch religiöses Wissen.

Auf die Heirat folgt *grihasthya*, das Stadium des **Familienoberhaupts,** in dem die Familie zu versorgen ist.

Haben die eigenen Kinder das Haus verlassen, folgt *vanaprasthya*, **„der Abschied in den Wald",** ein Stadium, in dem sich der Meditation und anderen religiösen Praktiken zu widmen ist.

Am Ende steht *sanyas*, das **„Aufgeben"** aller weltlicher Besitztümer und die Vorbereitung auf das Verlassen des Körpers und das Eingehen ins Überirdische.

Zwar wird das Reglement der vier Lebensstadien heute in der Praxis außer Acht gelassen, dennoch bietet es eine gute Rechtfertigung, die wirklich strikten religiösen Disziplinen auf das ferne „Ende" zu verschieben.

Feste, Riten und Pilgerfahrten

DIE WICHTIGSTEN FESTE

Feste, Riten und Pilgerfahrten

Der Hinduismus kennt Hunderte von größeren oder kleineren Festen *(utsava)*. Einige davon werden nur regional gefeiert, andere wiederum nur von den Mitgliedern bestimmter Kasten. Wäre jeder dieser Festtage ein nationaler Feiertag, so wäre das ganze Jahr arbeitsfrei.

Unter den Festen finden sich Fruchtbarkeits- und Erntefeste, Feste, in denen heilige Tiere gefeiert werden (z.B. Kühe, Schlangen oder Affen), heilige Flüsse, Berge oder Seen, heilige Pflanzen und vor allem Feste, in denen den zahlreichen Gottheiten gehuldigt wird. Die Feste werden durch den Mondkalender bestimmt und sind daher beweglich.

Ritus
Das über das Lateinische ins Deutsche gekommene Wort „Ritus" ist verwandt mit dem Sanskrit-Wort „ritu" (Jahreszeit) - ein Hinweis auf den jahreszeitlichen Charakter vieler Rituale oder Feste.

Ausländer sind zu allen Festen willkommen und dürfen nach Herzenslust fotografieren.

Die wichtigsten Feste im Jahresverlauf

Makara Sankranti
Etwa Mitte Januar, wenn die Sonne in das Tierkreiszeichen Steinbock einzieht, wird das **„Wintersonnenwenden-Fest"** Makara Sankranti gefeiert. Es markiert das Ende des Winters und ist Anlass zu großer Freude.

Das Fest wird vor allem in Allahabad im Bundesstaat Uttar Pradesh in Nordindien und in Devghat in Nepal gefeiert. Beide Orte liegen an wichtigen Sangams, **„Zusammentreffen von Flüssen"**. In Allahabad treffen der Ganges und der Jamna aufeinander, dazu noch der mystische (angeblich unterirdische) Saraswati. In Devghat fließen der Kali Gandaki und der Narayani zusammen. Hier finden sich Abertausende von Pilgern ein. In vielen Orten werden ritu-

◀ *Zum Tempelfest verkleidet als Hanuman, der Affengott*

Die wichtigsten Feste

▶ Feiern zum Fest der Wintersonnenwende, Makara Sankranti, in Bhuj, Gujarat

elle Feuer entfacht und Ehepaare wiederholen symbolisch ihren Hochzeitsritus.

Im indischen Bundesstaat Tamil Nadu wird an diesem Tag Pongal gefeiert, das **tamilische Neujahrsfest.** Reis und Milch werden zusammen gekocht und daraus, wie gut der Kochprozess abläuft, werden Rückschlüsse auf das kommende Jahr gezogen. Pongal bedeutet etwa „kocht es?".

Maha-Shivaratri

Der dreizehnte Tag in der „dunklen Hälfte" des Monats Magha (Jan./Febr.) ist Shivas wichtigster Tag oder, besser gesagt, Nacht. Maha-Shivaratri bedeutet **„Die große Nacht des Shiva".** Nach einem Tag des Fastens werden in Shiva-Tempeln nächtliche Pujas zelebriert und der Shivalingam wird verehrt.

Am folgenden Tag werden an Flussufern **Jahrmärkte** abgehalten und statt gefastet wird nun geschlemmt. Der Tag gilt als äußerst glückverheißend. Besonders große Feierlichkeiten finden zu Maha-Shivaratri in Gokarna, Karnataka und am Pashupatinath-Tempel in Kathmandu (Nepal) statt.

DIE WICHTIGSTEN FESTE

◀ Beim Holi-Fest bewirft man sich mit bunten Farbpulvern

Holi

Das hinduistische „Frühlingsfest" Holi wird zum Vollmond des Monats Phalgun (Febr./März) gefeiert und markiert den **Beginn der heißen Jahreszeit.**

Holi ist aus einem alten Fruchtbarkeitsritual entstanden. Zu Holi werden kleine **Freudenfeuer** entfacht, die symbolisch alles Böse verbrennen sollen und es wird eine Art **rituelles Schaukeln** abgehalten, das gemäß einiger Autoritäten einen symbolischen Koitus andeutet (Vor- und Rückbewegung).

Der wichtigste Aspekt ist aber das ausgelassene Bewerfen mit **Farbpulvern und bunten Flüssigkeiten** (vorherrschende Farbe Rot), das von Jung und Alt mit gleichem Eifer betrieben wird. Ausländer sind eine besonders beliebte Zielscheibe und es ist ratsam, keine gute Kleidung zu tragen und Wertsachen oder Papiere wasser- und staubdicht aufzubewahren.

Ein weiterer unangenehmer Nebeneffekt ist das **rowdyhafte Benehmen** vieler männlicher Teilnehmer, die den Trubel dazu nutzen, Frauen sowohl verbal als auch handgreiflich zu belästigen – das ist keineswegs eine Erfindung der Neuzeit, sondern hat eine lange Tradition zu Holi.

In Nordindien trinken viele Männer zum Fest das **stark berauschende Bhang,** ein Getränk aus Milch, Zucker, Honig, den Blättern der Hanf- oder Marihuana-Pflanze (*Cannabis sativa*) und einigen anderen Zutaten.

Ram-Navami

Das neuntägige Ram-Navami beginnt am neunten Tag in der „hellen Hälfte" des Monats Chaitra (März/Apr.) und gedenkt der **Geburt Ramas.**

Gefeiert wird es vor allem in Nordindien. Episoden aus der Ramayana werden verlesen und Rama wird in Pujas Verehrung erwiesen. Besonders ausgiebig wird das Fest in Ayodhya begangen, Ramas Geburtsort.

Nag-Panchami

Auf den fünften Tag in der „hellen Hälfte" des Monats Shravan (Juli/Aug.) fällt Nag-Panchami, das an **Krishnas Sieg über die Schlange Kaliya** und seine darauffolgende Heimkehr erinnert.

Bilder oder Figuren von heiligen Schlangen wie Shesha oder Ananta werden verehrt und **Schlangenfiguren** werden symbolisch gewaschen. Opfergaben werden an Erdlöchern abgelegt, in denen Schlangen leben, und vielerorts werden **Schlangen gar von Hand gefüttert** – darunter sogar die tödlichen Kobras. Missgeschicke sind dabei so gut wie unbekannt, in der Regel wird niemand gebissen.

DIE WICHTIGSTEN FESTE

Nag-Panchami wird vor allem im südlichen Teil des Bundesstaates Maharashtra begangen. In Nagpur in Maharashtra werden zu dem Fest traditionell Bildnisse verkauft, die eine Frau in einer erotischen Pose mit einer Schlange zeigen – ein unzweideutiger Hinweis auf die phallische Symbolik der Schlange. Passenderweise werden Schlangen auch mit Shiva assoziiert, dessen Symbol der phallische Shivalingam ist.

Ganesh-Chaturthi (Ganpati-Fest)

Dieses dem Elefantengott **Ganesha geweihte Fest** fällt auf den vierten Tag der „hellen Hälfte" des Hindu-Monats Bhadrapada (Aug./Sept.), der als der „Geburtstag" des dickbäuchigen Gottes gilt.

◀ Eine der zahlreichen Ganesha-Figuren, die zum Ganpati-Festival im Meer versenkt werden

Die wichtigsten Feste

Großen und kleinen Figuren von Ganesha werden Opfergaben dargebracht. Dann werden sie per Hand, auf Handkarren oder Lastwagen in einer **Prozession** durch die Stadt getragen und schließlich in einem Fluss oder im Meer versenkt.

Manche Stadtviertel wetteifern darum, die **größte oder originellste Ganesha-Statue** zu erschaffen, besonders im Ganesha versessenen Mumbai, wo das Fest mit dem allerhöchsten Eifer zelebriert wird.

Ganesh-Chaturthi markiert auch das **Ende der Regenzeit** und geht möglicherweise auf ein altes dravidisches Erntefest zurück.

Janmashtami

Das **Krishna gewidmete** Janamashtami fällt auf den achten Tag der zweiten Hälfte des Monats Bhdrapada (Aug./Sept.) und gedenkt seiner Geburt.

Der Tag vor dem Fest wird mit **Fasten** verbracht, das genau zu Mitternacht zu Ende geht.

Die Tempel werden mit Blumen und Früchten geschmückt und **Tongefäße voll Milch** werden an das obere Ende von aufgestellten Stangen gehängt – Krishna war schließlich Kuhhirte und liebte Milchprodukte jeder Art. In vielen Orten versuchen junge Männer die hoch hängenden Milchtöpfe zu erreichen und unter Jubel zu zerschlagen. Dazu bilden sie einen Kreis, ein paar ihrer Freunde stellen sich auf ihre Schultern und auf deren Schultern stellen sich andere usw. So wird eine Menschenpyramide gebildet, bis man die Milchtöpfe erreicht. Zuschauer und Aktive haben gleichermaßen Spaß an diesem sportlichen Aspekt des Festes und schließlich hatte ja auch Krishna stets den Schalk im Nacken.

Navaratri

Die Festperiode Navaratri („Neun Nächte") beginnt mit dem ersten Tag in der „hellen Hälfte" des Monats Ashvin (Sept./Okt.) und endet mit dem 10. Tag.

DIE WICHTIGSTEN FESTE

◀ Vor dem Dassera-Fest in Karnataka feiern Kinder in der Gegend um Mangalore das Fest Hulivesham, zu dem sie sich als Tiger oder Jäger verkleiden

In dieser Periode werden **mehrere Feste** abgehalten, deren Ablauf und Bedeutung sich regional stark unterscheiden.

Zu den wichtigsten Ereignissen dieser Zeit zählt die **Durga-Puja in Kolkata** (Kalkutta) und Westbengalen, während der Figuren von Durga in Prozessionen herumgeführt und am Ende in Gewässern versenkt werden.

Besonders in Mysore im indischen Bundesstaat Karnataka wird ↗**Dassera** gefeiert, das an den Sieg über den Dämonenkönig Ravana erinnert. In Mysore werden dazu prächtige **Elefantenprozessionen** abgehalten, die zahlreiche Touristen anziehen. In den Tagen vor Dassera spielen in der Gegend von Mangalore in Karnataka viele Kinder oder Jugendliche Hulive-

Dassera in Nepal

In Nepal, wo das Fest Dassain genannt wird, werden blutige Tieropfer dargebracht. Geschlachtet werden Büffel, Ziegen und Hühner. Das Blut der Tiere wird unter anderem auf Autos, Motorräder oder andere Fahrzeuge tropfen gelassen, um so Sicherheit für die Vehikel zu erbitten. Empfindlichen Zuschauern wird bei den Festlichkeiten sicher der Appetit auf die nächste Mahlzeit vergehen.

sham, „Tiger-Verkleiden". Ein Teilnehmer verkleidet sich als Tiger, ein anderer als Jäger, und ein weiterer schlägt eine Trommel. Dabei wird viel geulkt und von Passanten wird ein Obolus erbettelt.

Vielerorts werden zu Dassera überdimensionale, vogelscheuchenartige **Figuren von Ravana verbrannt,** dem finsteren Bösewicht aus der Ramayana, eine Art Mensch gewordener Teufel.

Diwali oder Dipawali

Der Name bedeutet „Lichterreihen" und bezieht sich auf die **zahllosen kleine Öllichter,** die zu diesem „Lichterfest" angezündet werden. Dazu werden kleine **Feuerwerkskörper** gezündet, eine (Un-) Sitte, die in der jüngeren Vergangenheit immer mehr um sich gegriffen hat.

Divali wird **im Oktober oder November** begangen und dauert fünf Tage.

Das Fest zelebriert gleich mehrere Begebenheiten auf einmal, so Vishnus Sieg über den Dämonenkönig Bali, Ramas Heimkehr nach seinem Exil und seine Krönung in Ayodhya oder, allgemein ausgedrückt, den **Sieg des Guten über das Böse.**

Außerdem werden die Göttinnen Parvati und Lakshmi verehrt, letztere als **Glücksgöttin.** Geschäftsinhaber wickeln ihre Geschäftsbücher in rotes Tuch, tragen sie zum Tempel und lassen sie von Lakshmi „weihen".

Da das Fest glückverheißend ist, versucht man sich auch im **Glücksspiel,** vor allem Würfel- oder Kartenspiele. Viel Glück haben mit Sicherheit die Süßigkeitenverkäufer, denn vor Diwali deckt sich jede Familie kiloweise mit süßem **Naschwerk** ein. Anhand des guten oder schlechten Abverkaufs der Süßigkeiten werden – ähnlich wie zum Weihnachtsverkauf im Westen – Rückschlüsse auf die derzeitige Wirtschaftslage gezogen.

PILGERFAHRTEN

Pilgerfahrten

Neben all den Festen und Riten, die dem Hindu spirituelles Heil (als auch viel Spaß und Unterhaltung) bringen, werden Pilgerfahrten absolviert, auf Sanskrit ↗*yatra*.

Wie ernst man es früher mit den Pilgerfahrten nahm, verdeutlicht folgendes Beispiel: Der kleine Ort **Banvasi** im westlichen Karnataka war einst die Hauptstadt des Kadamba-Reiches (3.-6. Jh.). In einem aus jener Zeit erhaltenen ↗Tempel steht die Hälfte einer vertikal in der Mitte durchtrennten Ganesha-Figur. Die andere Hälfte der Figur steht in Benares, weit entfernt in Nordindien. Den Pilgern (*yatri*) war geboten, zuerst die Ganesha-Hälfte in Banvasi zu besuchen, dann die andere in Benares. Eine derartige Reise muss zur Kadamba-Zeit viele Monate in

▲ *Rituelles Baden gehört zu allen Pilgerorten oder Pilgerfahrten*

Yatra – die Reise

Das Wort „yatra" bedeutet gleichermaßen Pilgerreise wie Reise allgemein. In früheren Zeiten war der wichtigste Grund einer Reise das Besuchen eines heiligen Ortes oder Tempels.

PILGERFAHRTEN

Anspruch genommen haben und bei all den Gefahren, die entlang des Weges lauerten, mag so mancher Pilger sein Ziel nie erreicht haben.

Pilgerfahrten zu einem verehrten Tempel können zu jeder Zeit unternommen werden. Den meisten Segen versprechen sie jedoch zu bestimmten **geheiligten Tagen,** die besonders mit der im jeweiligen Tempel wohnenden Gottheit assoziiert werden.

> **Banvasi-Tempel**
>
> *Im Banvasi-Tempel findet sich noch eine Plattform, auf der die Devadasis, junge „Gottesdienerinnen" zur Erbauung der Götter tanzten. Unter der Plattform befindet sich ein Hohlraum, so dass die Tanzschritte der Devadasis darauf wie laute Trommelschläge wirkten. Um die Plattform herum sind im Kreis Steinsäulen angebracht, die so blank gewienert wurden, dass sich die Devadasis darin spiegelten und der Betrachter dabei eine Art Special-Effekt-Show erlebte. Einige hundert Meter vom Tempel entfernt befinden sich die Ruinen einer Nachalaya, einer „Tanzschule" mit Internatscharakter. Darin wohnten die Mädchen, wurden in die Tanzkunst eingeführt und zu den angesehenen Devadasis ausgebildet.*

Je strapaziöser der Weg zum heiligen Ort, desto mehr **spirituelles Verdienst** erlangt der Pilger. Folglich legt so mancher den Weg zu Fuß zurück und lädt sich dabei noch die eine oder andere Extraaufgabe auf. So traf ich auf einen Pilger, der auf seinem langen Fußmarsch ein Tongefäß randvoll gefüllt mit Milch auf seiner Schulter trug, wobei er sich auferlegt hatte, beim Laufen keinen Tropfen davon zu verlieren. Gelegentlich wurde nur neue Milch „getankt", um sie nicht sauer werden zu lassen.

Beim Pilgerfest am Yellamma-Tempel in Saundatti in Karnataka kriechen viele Pilger zu dem auf einem Hügel stehenden Tempel hinauf. Um es den Pilgern nicht zu leicht zu machen, stehen viele Heiligtümer auf Hügeln oder Bergen, da wo sie den Göttern am nächsten sind.

Zu den **wichtigsten Pilgerorten** gehören, wertungslos in alphabetischer Reihenfolge: Allahabad, Ayodhya, Dwarka, Hardwar, Mathura, Nasik, Pashupatinath (Kathmandu), Puri, Rishikesh, Tirupati, Ujjain und Varanasi (Benares).

Pilgerfahrten

▲ Bei Pilgerfahrten zu Tempeln auf Berggipfeln werden oft willkommene Trage-Dienste angeboten

Umrundung des Mount Kailash

Zu den mühseligsten Pilgerfahrten gehört die Umrundung des Mount Kailash an der Grenze zwischen Indien und Tibet, eine Wanderung von 40 Kilometern in unwirtlichem Terrain. Kailash gilt als der Wohnsitz Shivas, wo er mit seiner Frau Parvati sich in endloser maithuna oder Kopulation befindet, und viele Shiva-Anhänger betrachten ihn als den ursprünglichen Shivalingam.

Wem die Reise zu anstrengend sein sollte, dem bietet sich Abhilfe: So schrieb der große Dichter Kalidasa (350?–600?), dass Fromme, die aufgrund körperlicher Gebrechen die Umrundung nicht vollziehen könnten, stattdessen auch ein Schaf oder ein Pferd auf die Reise schicken könnten!

HEILIGE PFLANZEN, TIERE, TALISMANE

Heilige Pflanzen, Tiere und Talismane

Einer alten Überlieferung nach sind alle Pflanzen „gezeugt vom Himmel, geboren von der Erde und verwurzelt im kosmischen Ur-Ozean" und vielen wird eine Beziehung zu den Göttern nachgesagt.

Tulsi-Pflanze

Die Blätter der Tulsi-Pflanze *(Ocymum sanctum)* werden sowohl als Manifestation der Göttin Lakshmi, der Gattin Vishnus, und von Radha, der Gemahlin Krishnas, betrachtet. Manche wiederum sehen in ihr Sita, die Gattin Ramas. Die Tulsi-Pflanze gilt auch als Manifestation der tugendhaften Vrinda (siehe unten).

Verehrt wurden die Tulsi-Blätter traditionell vor allem von **Frauen,** die die Pflanze im Kreise umschritten und ihr Gaben von Blumen oder Reis darbrachten. Dies war schon eine Abweichung von den Gesetzen des Manu, der vorgeschrieben hatte, dass Frauen nur zusammen mit ihren Männer Pujas feiern sollten.

Tulsi wurde für so heilig gehalten, dass schon ein Blick darauf genügte, um von allen seinen Sünden befreit zu sein und fast jede Brahmanen-Familie zog an ihren Haus eine der Pflanzen und ehrte sie täglich in Gebeten. Brahmanen aßen vor und nach einer Mahlzeit Tulsi-Blätter, was der Verdauung förderlich sein sollte.

Sterbenden Brahmanen wurde ein Stück der Tulsi-Wurzel in den Mund gegeben und Blätter wurden auf Gesicht, Augen, Ohren und Brust gelegt. Während der Sterbe-Zeremonie riefen die Angehörigen und Freunde des Sterbenden: „Tulsi! Tulsi! Tulsi!" und man war sicher, dass der Sterbende direkt in *svarga*, den Himmel, einziehen würde.

◄ *Im kleinen heiligen Ort Parashurama bei Chiplun in Maharashtra wird ein alt überliefertes Rheuma-Heilmittel verkauft: ein Öl, das unter anderem Fledermausblut enthält*

BILVA-BAUM, PIPAL-BAUM

Heute hängen viele Hindu-Familien zur Segnung ihres Hauses eine Schnur mit **Tulsi-Blättern über die Eingangstür.**

Am elften Tage des Monats Karttika (Okt./Nov.) wird die Tulsi-Pflanze **symbolisch** mit einem Bild Vishnus, einem Shalagrama (s.u.), einem Symbol Vishnus, oder einem Bild Krishnas **„verheiratet".**

Dazu werden die beiden zuerst rituell gewaschen, dann werden ihnen Opfergaben dargebracht und unter dem Gesang von Mantras wird das Paar mit Reiskörnern beworfen – die Hochzeit ist vollzogen. Der Brauch markiert den Beginn der hinduistischen Hochzeits-Saison.

Hindus lieben Hochzeiten
Früher wurden auch Bäume miteinander „verheiratet", so z.B. ein Mango- mit einem Tamarinden-Baum, oder ein Mango- und ein Jasmin-Baum Der Mango-Baum galt unter manchen Brahmanen als Manifestation des Gottes der Liebe, Kama. Mancher Maharaja ließ es sich nicht nehmen, Affenpaare unter viel Pomp zu vermählen, was nicht selten ein mittelgroßes Loch in die Staatskasse riss.

Bilva-Baum

Ist das Tulsi-Blatt den Anhängern Vishnus heilig, so verehren die Anhänger Shivas das Blatt des Bel- oder Bilva-Baumes *(Ægle marmelos).* Darin sollen Teile von Shiva wohnen und die Zweige dürfen außer von Brahmanen nicht abgebrochen und als Feuerholz verwendet werden.

Beim Bau eines Hauses wird oft ein Balken aus Bel-Holz eingebaut, was Glück und Segen verspricht. Dem Bel-Baum wohnt angeblich auch ein Geist inne, der Gebete durch Regen belohnt.

Pipal-Baum

Als **heiligster Baum** gilt der Pipal-Baum *(Ficus religiosa)* aus der Familie der Feigenbäume, der von manchen Hindus als Wohnsitz der hinduistischen Dreifaltigkeit, Brahma, Vishnu und Shiva, betrachtet

PIPAL-BAUM

◀ *Banyan-Baum*

wird. Andere wiederum betrachten ihn als Sitz von Lakshmi, den sie – je nach Version – entweder permanent oder nur an Sonntagen bewohnt. In der hinduistischen Ikonographie werden oft Krishna-Bilder auf Pipal-Blätter gemalt.

Wer eher finsteren Mächten zugetan ist, verehrt den Pipal-Baum als den Sitz der *bhuta* oder Geister.

Aufgrund seiner vielfältigen Assoziation mit Göttern oder Geistern wurden dem Baum von je her **Opfergaben** dargebracht und noch vor etwa einem Jahrhundert bedeutete die Redewendung „zum Pipal gehen" so viel wie „beten gehen".

Heute **beten Hindu-Frauen** am Pipal um Eheglück oder darum, niemals Witwe zu werden. Kinderlose Frauen beten um Nachwuchs und das bedeutet natürlich männlichen Nachwuchs.

Buddha soll unter einem Pipal-Baum meditierend die Erleuchtung erlangt haben.

So heilig der Baum auch sein mag, so sollte man seine Verbreitung besser der Natur überlassen, als selber einen zu **pflanzen:** Wer einen Pipal-Baum gepflanzt hat, muss angeblich bald darauf sterben.

Banyan-Baum, Darbha-Gras

Banyan-Baum

Der Banyan-Baum (*Ficus indica* oder *Ficus bengalensis*) ist ebenfalls ein Feigenbaum, dessen weit ausholendes System von Luftwurzeln ihn wie ein „Tempel der Pflanzenwelt" erscheinen lassen.

In indischen Dörfern wird um den Stamm des Baums gerne eine Erhöhung angelegt, auf dem die Dorfbewohner sitzen und einen Schwatz halten. Der Banyan-Baum ist dem Glauben nach besonders bei Yama oder Kala, dem Totengott, beliebt und folglich lässt er ihn in Frieden. Somit genießt der Baum angeblich Unsterblichkeit.

Darbha- oder Kusha-Gras

Unter den Gräsern gilt das Darbha- oder Kusha-Gras (*Poa cynosuriodes*) als heiligstes. Es wird als ein Haar angesehen, das Vishnu während seiner Schildkröten-Inkarnation auf seinem Panzer trug.

Das Gras wird vor religiösen Zeremonien auf den Boden gestreut, da es diesen spirituell reinigt. Ein Ring, bestehend aus drei, fünf oder sieben ineinander verwundenen Halmen des Grases, der am Finger getragen wird, gilt als besonders wirkungsvoller Talisman.

Heilige Kühe

Unter den Tieren ist das mit großem Abstand heiligste die Kuh. In der Anfangsphase des Hinduismus wurde sie übrigens noch verspeist wie so viele andere Tiere auch. Höchstwahrscheinlich veranlassten ökonomische Gründe die religiösen Gesetzgeber dazu, die Kuh unter den Schutz der Religion und der Götter zu stellen. Schließlich versorgt die Kuh

Heilige Kühe

ihren Halter mit vielen Produkten (Milchprodukte als auch Dünger) und auch ihre Arbeitskraft war in einer Agrargesellschaft schlicht unabkömmlich.

Bald wurde die Kuh als **lebensspendende „Mutter"** betrachtet und in der hinduistischen Malerei werden oft Kühe dargestellt, die das ganze Universum in ihrem Leib tragen.

Jedes Körperteil der Kuh gilt als der **Wohnsitz einer Gottheit,** von den Nasenlöchern, in dem die göttlichen Musikanten, die Ashvins, hausen, bis hin zum Schwanz, in dem sich Yama versteckt hält.

Das **Schlachten** einer Kuh galt früher als ebenso frevlerisch wie der Mord an einem Brahmanen und noch heute wird in Nepal das Töten einer Kuh mit einer Gefängnisstrafe geahndet. In Indien rufen Hindu-Fundamentalisten gelegentlich nach einem generellem Verbot des Kühe-Schlachtens, bisher jedoch vergebens. Trotzdem kann jemand, der versehentlich eine Kuh tötet, z.B. im Straßenverkehr, mit einer sehr gewaltsamen Reaktion der Anwesenden rechnen.

▼ *Bettler mit heiliger Kuh. Almosengeben gehört zu den Pflichten eines Hindu*

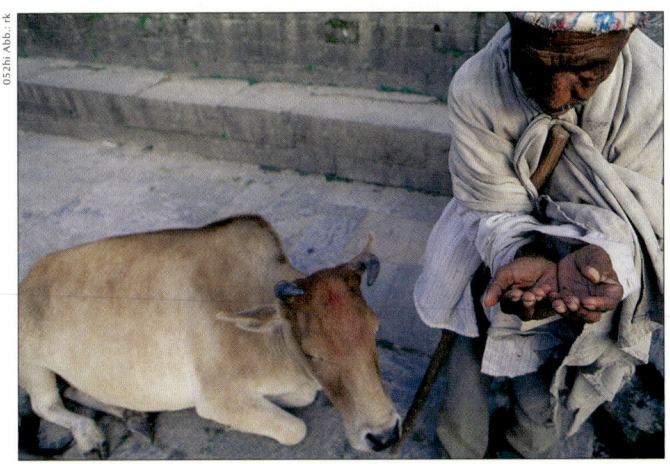

Heilige Kühe

Indische Christen und Moslems essen in der Regel Rindfleisch und die schmutzige Arbeit des Kühe-Schlachtens verrichten zumeist Moslems.

Aufgrund ihrer spirituellen Erlauchtheit werden auch die **„fünf Produkte" der Kuh** (*pancha-gavya*) als heilig erachtet: Milch, Butter, Ghi, Joghurt, Urin und Dung. Eine Mischung daraus, in kleinen Dosen zu sich genommen, gilt als spirituell reinigend. Oft werden die beiden anstößigen Bestandteile in der Mischung durch Honig und Zucker ersetzt, damit ist aber auch die spirituelle Reinigungskraft verringert. Einige wenige, extrem orthodoxe Hindus trinken gelegentlich etwas Kuhurin, was große spirituelle Reinigung und Ablass von Sünden verspricht. Als physisch reinigend gilt der Kuhdung, mit dem häufig der Fußboden in ländlichen Hindu-Haushalten ausgerieben wird.

Die Kuh im Wort

Die Kuh gilt als so heilig, dass das Sanskrit-Wort dafür, go, in vielerlei segensreiche Kombinationen eingegangen ist. Ein Go-Swami oder Gossain ist wörtlich ein „Herr der Kühe", bezeichnet aber in Wirklichkeit einen Lehrer der Vaishnaviten.

Go-Tra oder Gotra bedeutet „Kuhstall", ist aber die Sanskrit-Bezeichnung für die Unterkasten der vier Hauptkasten. Go-Dhuli bedeutet wörtlich „Kuh-Stauben" und ist eine poetische Umschreibung für die Abenddämmerung, wenn die Kühe nachhause trotten und dabei viel Staub aufwirbeln.

Weniger positiv, aber sehr bezeichnend, ist die Vokabel Go-Kushi, „Kuh-Schlachten", eine Umschreibung für eine Schlacht oder ein Gemetzel.

Weitere heilige Tiere

Weitere heilige Tiere

Im Vergleich zu den Kühen sind alle anderen heiligen Tiere nur Nebenfiguren. Im weitesten Sinne haben alle Tiere einen religiösen Bezug, denn der Überlieferung nach entstanden die Arten, in dem Shiva ihre typischen *asana* oder Posen einnahm.

Brahma seinerseits versteckte in jedem Tier ein tiefes Geheimnis, so beispielsweise das Geheimnis des langen Lebens in der **Krähe** und das Geheimnis des Nasallautes *anusvara*, der eine wichtige Rolle bei den machtvollen einsilbigen Mantras spielt, **im Pferd.**

Zu den heiligen Tieren gehören die **Affen,** die mit dem Affengott Hanuman assoziiert und deshalb so gut wie niemals getötet werden – und das, obwohl indische Affen eine unglaubliche Plage sein können.

Heilig sind in gewissem Maße auch die **Elefanten,** weil sie Artgenossen des Elefantengottes Ganesha sind.

Das Vehikel (*vahana*) von Ganesha, die **Ratte** wird im Allgemeinen nicht verehrt. Am Tempel von Ganpatipule in Maharashtra, der Ganesha geweiht ist, findet sich jedoch eine Ratten-Figur, der die Tempelbewohner eine kurze Puja widmen. Als sehr heilig gelten die Ratten eines Tempels in Deshnokh in Rajasthan, die als die Inkarnationen von Anhängern (*bhakt*) eines verstorbenen Heiligen gelten. Der Tempel wimmelt von Tausenden von handzahmen Ratten und wehe, irgendwer käme auf die Idee, ihnen ein Fellhaar zu krümmen.

▲ *Der Ratte, dem Reittier Ganeshas, wird in Ganpatipule, Maharashtra, ein kleines Maß an Verehrung zuteil*

Weitere heilige Tiere

Der *Matsya* oder **Fisch** war nach den heiligen Schriften die erste Manifestation von Vishnu. So verwundert es nicht, dass in einem kleinen Fluss im heiligen Ort Sringeri (Bundesstaat Karnataka) bis in die jüngste Vergangenheit ein großer Karpfen lebte, der als heilig galt und angeblich zwei dicke goldene Ohrringe trug.

Vögel sind zwar nicht unbedingt heilig, ihre Rufe wurden aber als Omen gewertet. Zu mancher Zeit galt die Deutung des Vogelgezwitschers als ernste Wissenschaft.

Schlangen gelten als heilig, allen voran die **Kobra**, die ihren hohen Respekt sicherlich ihrer Macht über Leben und Tod zu verdanken hat. Kobras werden mit Shiva assoziiert und manche Sadhus, die asketischen Anhänger Shivas, halten sich eine possierliche Kobra als Haustier.

Die nicht minder gefährlichen **Krokodile** gelten als Vehikel der Flussgöttin Ganges und wurden früher gerne in Teichen gehalten und dort durch Pujas geehrt. Heute dürfte dieser Brauch so gut wie ausgestorben sein. An die Stellung des Krokodils erinnern aber noch die zahlreichen steinernen Krokodilsköpfe, die z.B. an alten Wassertanks in Nepal als Wasser-„hahn" dienen.

▶ *Schlangenbeschwörer in Kathmandu mit Kobras*

TALISMANE

Talismane

Neben Pflanzen und Tieren kennt der Hindu einige Talismane, die ebenso verehrungswürdig und zudem glücksbringend sind.

Ein beliebtes Mitbringsel von Pilgern am Pashupatinath-Tempel in Kathmandu sind **Rudraksha-Ketten**, denen spirituelle und physische Heilkräfte nachgesagt werden. Die Ketten bestehen aus 108 Samen des Rudraksha- oder Elaecarpus-Baumes, der mit Shiva assoziiert wird. Der Name bedeutet „Auge des Rudra". Rudra ist nur ein anderer Name für Shiva.

Als glückverheißende Symbole Vishnus gelten die **Shalagrama**, schwarze, fossile Muscheln oder Ammonite, die vor allem im Kali-Gandaki-Fluss in Nepal gefunden werden, dazu in einigen Flüssen in Nordindien. Die Shalagrama sind rund, bis zu handflächengroß und weisen verschiedene Markierungen und Farben auf, die dem Kenner Wert und

Die „Gesichter" der Rudraksha

Der spirituelle Wert einer Rudraksha steigt mit der sinkenden Anzahl ihrer Furchen oder „Gesichter". Hat die Rudraksha nur eine Furche, was ein großer Glücksfall ist, so besitzt sie höchsten spirituellem Wert. Derartige Rudrakshas können ein kleines Vermögen kosten.

Hat die Rudrakhsa zwei „Gesichter", wird sie als Gauri-Shankar bezeichnet, da die beiden Hälften Gauri (Parvati) und Shankar (Shiva) symbolisieren. Rudrakshas mit drei oder vier Furchen sind noch relativ selten, ab fünf Furchen beginnt das gemeine Mittelmaß.

◀ *Verkauf religiöser Bildnisse und Souvenirs*

DIE LEGENDE DER VRINDA

> **Die Legende der Vrinda**
> *Einer Legende nach sind die Shalagrama die Spermien Vishnus, die er verlor, als er am Grunde des Kali Gandaki ruhte. Der Kali Gandaki gilt als die Manifestation einer frommen und schönen Frau namens Vrinda, der Gemahlin des Niederkastigen Jaladhara (wörtl. „Wasserstrom"). Vrindas Tugend war so groß, dass sie ihren Mann mit so hoher spiritueller Kraft ausstattete, dass selbst Shiva keine Macht über ihn gewinnen konnte. Der listige Shiva überredete Vishnu, sich in Jaladhara zu verwandeln, um Vrinda zu verführen. Da Vrinda nach dem Verkehr an spiritueller Perfektion eingebüßt hatte, verlor auch ihr Mann an spiritueller Kraft. So wurde er ein leichtes Opfer für Shiva, der ihn geschwind tötete. Als die unglückliche Vrinda von dem Betrug erfuhr, stürzte sie sich aus Verzweiflung auf den Scheiterhaufen ihres Mannes. Vishnu bereute seine Tat und verwandelte Vrinda in den Kali-Gandaki-Fluss, um sie damit für alle Zeit am Leben zu erhalten. Ihr schönes Haar verwandelte er in die Tulsi-Pflanze. Von dieser wird angenommen, dass Vrinda jeden Abend in sie einfährt und sie am Morgen wieder verlässt.*

Ausländer und Talismane
Für Ausländer gibt es keine Tabus bezüglich der Handhabung oder Berührung der Talismane. Shalagrama und Rudraksha-Ketten werden in Nepal sogar den Touristen zum Kauf angeboten. Unter den Shalagrama sind aber auch Fälschungen und die Rudrakshas sind meist von geringer Qualität. Es versteht sich aber von selbst, dass diese Objekte mit Respekt zu behandeln sind.

Wirkung des betreffenden Exemplars verraten. Schwarze Shalagrama verhelfen ihrem Besitzer zu Ruhm, weiße vernichten jegliche Sünde, gelbe garantieren männlichen Nachwuchs und blaue schaffen Seelenfrieden. Gemäß der Atharva Veda ist ein Haus ohne Shalagrama spirituell so unrein wie ein Friedhof. Früher hielten sterbende Hindus ein Shalagrama in der Hand, um günstig wiedergeboren zu werden.

Talismane

Verheiratete Frauen tragen als Symbol ihres glücklichen Ehestandes eine Halskette, die in Nordindien Mangalsutra genannt wird (Band des Glücks), in Südindien Tali. Die Kette zu verlieren oder zu verlegen wäre kein gutes Omen für die Ehe und würde sicher starke Schuldgefühle bei der Frau auslösen. Verheiratete Frauen tragen zudem Churi oder Armreifen, die nach dem Tod des Ehemannes unter viel Wehklagen und Trauerbekundungen zerschlagen werden.

◀ Verkaufsstand von Armreifen, Zeichen einer verheirateten Frau, in Janakpur, Nepal. Der Kauf im Geburtsort von Sita gilt als besonders verheißungsvoll.

Die hinduistische Heirat

Die hinduistische Heirat

Traditionelle Rolle der Ehe

Gemäß einer alten Legende herrschte einst zügelloser Geschlechtsverkehrs auf Erden, bis der Weise Shvetaketu dem Treiben ein Ende setzte und das heilige Sakrament der Ehe ins Leben rief.

Nach hinduistischer Auffassung ist die Ehe nicht nur für dieses Leben bindend, sondern auch für das kommende; das Paar kommt immer wieder zusammen, um sich gemeinsam dem Göttlichen zu nähern.

Scheidung und **Wiederheirat** waren ursprünglich streng untersagt und erst aufgrund des Drängens hinduistischer Reformbewegungen wurde die Wiederheirat von Witwen gestattet. Seit 1955 ist offiziell auch die Scheidung erlaubt. Beides kommt jedoch auch heute noch sehr selten vor.

Der Hauptzweck der Ehe ist das Zeugen von **männlichem Nachwuchs,** der alleine dazu in der Lage ist, die religiösen Riten zu vollziehen, darunter die Totenrituale nach dem Versterben der Eltern. Nebenbei ist die Ehe natürlich eine legitime Art, sich *rati* hinzugeben, den sexuellen Freuden.

Ehe-Arrangement

Bis heute sind die meisten Hindu-Ehen arrangiert, das heißt, die Eltern suchen den Ehepartner aus, der in den allermeisten Fällen aus derselben Kaste zu stammen hat. Sind die zu Vermählenden schon etwas älter oder aus anderen Gründen unattraktiv, so werden die Kastenschranken oft aufgehoben – in der Not kann man eben nicht wählerisch sein. Eine unverheiratete Tochter im Hause leben zu haben, die schon über das heiratsfähige Alter hinaus ist, stellt in vieler Augen eine Schmach dar.

◀ *Hindu-Dame mit dem "Schönheitspunkt" auf der Stirn, dem Bindi*

EHE-ARRANGEMENT

Haben sich die Eltern der zu Verheiratenden auf die ↗ „Verbindung zwischen den zwei Familien" geeinigt, so muss in den meisten Fällen noch die **Mitgift** (Sanskrit *yautaka*, etwa „Verbindungsgeld"; Hindi *dahej*) geklärt werden. Die Eltern der Braut haben der Familie des Bräutigams oft nicht unerhebliche Summen zu zahlen. Hinzu kommen noch Güter wie Fernsehgeräte, Motorroller, Kühlschränke und womöglich auch ein paar Barren Gold. Selbst bei Familien der unteren Mittelklasse kann der Wert der Mitgift leicht bei 100.000 indischen Rupien (ca. 5.000 DM) liegen, in der Oberklasse wechseln oft Millionen von Rupien den Besitzer. Durch die Mitgift soll die Familie des Bräutigams für die Ausbildung, die ihm zuteil wurde, entschädigt werden – je besser die Ausbildung und der soziale Stand, desto höher die Mitgift. Einen hohen Preis erzielen auch solche Heiratswillige, die beispielsweise in den USA leben und eine „Green Card", die Daueraufenthaltsgenehmigung, besitzen.

> **Familien-Hochzeit**
> *In der Tat wird die Ehe oft als die Verbindung zweier Familien betrachtet. In Hindi-Filmen beschließen zwei sehr gute Freunde oft, ihre Kinder miteinander zu vermählen, um so ihre Freundschaft auch auf anderer Ebene weiter leben zu lassen.*

> **Mitgift des Bräutigams?**
> *Interessanterweise war es früher der Bräutigam, der eine Mitgift zu zahlen hatte, die shulka. Dieser Brauch galt aber seit dem frühen Mittelalter als verpönt und die Rollen kehrten sich allmählich um.*

Haben sich die Familien auf die Mitgift geeinigt, verbleibt noch der Gang zum **Astrologen,** um anhand der Geburtshoroskope zu klären, ob das zukünftige Paar auch zusammen passt. Falls der Astrologe einen besorgniserregenden Aspekt entdeckt, wird die Hochzeit möglicherweise abgesagt. Der Astrologe bestimmt auch den **Hochzeitstag,** der in einen für Hochzeiten glückverheißenden Monate fallen wird. Ein besonders großer Heiratsansturm wird folglich in den Monaten November, Dezember, April und Mai verzeichnet.

DAS HOCHZEITSFEST

◀ *Musiker einer Hochzeitskapelle*

Das Hochzeitsfest

Die **Hochzeit** (*vivaha*) selber ist das größte und wichtigste Fest, das Hindus jemals in ihrem Leben feiern. Die Kosten, getragen von der Familie der Braut, sind oft erheblich. Wohlhabende Familien mieten riesige Festzelte, in denen Hunderte von Gästen bewirtet werden. Schon in den Tagen vor der Hochzeit werden Pujas abgehalten, die sich vor allem an die Familiengötter richten, dazu an Ganesha, den Beseitigter von Hindernissen.

Die eigentliche **Heiratszeremonie** findet im Haus der Braut statt, innerhalb eines speziell dazu errichteten zeltähnlichen Aufbaus, dem *mandap*. Dieser ist mit bunten Lichtern und viel Flitter geschmückt. Vor der Zeremonie wird die Braut rituell gewaschen und ihre Hände und Füße werden mit komplizierten, hartnäckig anhaltenden Henna-Mustern (*mehndi*) bemalt, die erst nach vielen Tagen oder Wochen langsam verschwinden werden. Die Braut trägt traditionell einen roten Sari mit Brokatrand und dazu jede Menge teuren Familienschmuck. Ihre Schwestern nehmen sie an die Hand, um sie zum *mandap* zu führen, wo schon der Bräu-

Das Hochzeitsfest

> **Als Gast auf Hochzeiten**
>
> *Ausländer werden nur allzu gern zu Hochzeiten eingeladen. Die Feiern werden in Festzelten (shamiana) abgehalten und Touristen, die daran vorbei spazieren, werden oft spontan eingeladen. Geschenke werden in diesem Fall nicht erwartet. Bei guten Freunden sollte man jedoch ein diskret in einen Umschlag gepacktes Geldgeschenk mitbringen. Die Summe sollte immer auf eine 1 enden, also z.B. 1.001 Rupien, das gilt als glückverheißend.*
>
> *Bei allen Hochzeiten kann nach Herzenslust fotografiert werden. Viele Fotografen und Video-Filmer in Indien oder Nepal bestreiten ihr Haupteinkommen aus der Arbeit bei Hochzeitsfeiern. Als fotografierender Gast wird man sicher um Kopien der Fotos gebeten werden.*

tigam wartet. Der Vater der Braut begrüßt den Bräutigam ehrfurchtsvoll, so als bete er zur Statue eines Gottes. Die Füße des Bräutigams werden rituell gewaschen – ein Zeichen höchsten Respekts – und ihm werden einige der besten Köstlichkeiten gereicht. In einigen Regionen oder bei bestimmten Kasten wird der Bräutigam zuvor auf einem weißen Hengst zum Brauthaus geritten sein, gefolgt von seinen jubilierenden und tanzenden Verwandten.

Während des Hochzeitsritus werden vom Priester die Stammbäume der „zu verheiratenden Familien" verlesen.

Nun wird ein heiliges Feuer entfacht und Mantras und Verse aus den Veden werden vorgetragen. Dieses kann einige Stunden in Anspruch nehmen. Der Höhepunkt und die endgültige Besiegelung der Ehe ist das **rituelle Umkreisen des Feuers** (*agni-pradakshina*) durch das frisch gebackene Paar. In Hindi-Filmen eilt oft noch ein waffenschwingender Nebenbuhler des Bräutigams herbei, um diesen zu verjagen und an dessen statt die Umrundungen durchzuführen; vereinzelt sind derlei Fälle auch schon vorgekommen. Sind die Umrundungen vollzogen, gibt es kein Zurück mehr: Wer immer dabei war, Nebenbuhler oder nicht, ist nun rechtmäßiger Ehemann. Bei den Umrundungen geht der Mann voran und durch eine Schnur oder durch das Ende des Saris ist er mit der Braut verbunden.

Umzug der Braut

Ein weiterer wichtiger Aspekt sind die **"sieben Schritte"** (*saptapadi*), die das Paar gemeinsam macht. Sie symbolisieren die diversen Ziele des nun anzutretenden gemeinsamen Lebens: Nahrung, Stärke, wachsender Wohlstand, Glück, Kinder, ein langes Leben und ewige Freundschaft. Am Ende jeden „Schrittes" berührt die Braut einen Stein als Sinnbild der felsenfesten Stabilität, die die Ehe auszeichnen soll.

Am Ende der Zeremonien sitzt die Braut zusammen mit der Familie ihres Mannes – ein symbolisches Zeichen, dass sie nun ihr **Elternhaus für immer verlassen** hat und der Familie ihres Mannes angehört.

> **Rückkehr der Frau?**
> *Die Rückkehr einer verheirateten oder geschiedenen Frau in das Haus ihrer Eltern gilt als eines der schmachvollsten Schicksale, das traditionellen Hindu-Eltern zustoßen kann.*

Umzug der Braut

Sind die Zeremonien vorüber, beginnt ein ausgedehnter Festschmaus, gefolgt von einer Zeremonie namens *gauna*, die den Umzug der Braut ins Haus des Bräutigams markiert.

In Hindi-Filmen wird daran anschließend ein opulent geschmücktes **Ehebett** gezeigt, auf dem der frisch gebackene Ehemann – zur Stärkung ein Glas Milch trinkend – die sich zierende, nervöse Braut erwartet. Ganz so will es der orthodoxe Hinduismus aber nicht: Idealerweise sollte die Ehe nicht gleich in der Hochzeitsnacht vollzogen werden, sondern erst am vierten oder zehnten Tag danach. Dadurch wird dem „bösen Auge", das die Hochzeitsszenerie überwacht, ein Schnippchen geschlagen und die Gefahren bei der Entjungferung sind gemildert.

Die traditionelle Hindu-Braut hat *akshata* zu sein, wörtlich „unverletzt", doch unter den wohlhabenderen Schichten in den Städten ist man(n) in dieser Beziehung schon ein wenig toleranter geworden. Und bis zur vierten oder zehnten Nacht wartet wahrscheinlich auch kaum noch jemand!

Der hinduistische Speisezettel

Der hinduistische Speisezettel

Historische Wurzeln

Die Arier zur vedischen Zeit

Die Menükarte der Hindus hat sich im Laufe der Jahrtausende erheblich gewandelt. Die Arier zur vedischen Zeit kannten **keinerlei Speisetabus.** Sie aßen Fleisch, Fisch und nahmen berauschende Getränke zu sich. In Notzeiten war selbst das Verzehren von Hundeinnereien nicht unüblich. Auch Rindfleisch wurde gegessen. Die viehzüchtenden Arier, einschließlich ihrer Priester, verschlangen Kühe, Kälber, Büffel und Ochsen. Kam ein Gast ins Haus, gehörte ein gutes Stück Rindfleisch zur Gastlichkeit und eine der Sanskrit-Vokabeln für „Gast" lautet *goghana*, wörtlich „der, für den eine Kuh geschlachtet wird".

Selbst dem vedischen Gott Indra wurde eine Vorliebe für Rindfleisch nachgesagt und gemäß der Ramayana liebte Rama das Fleisch diverser Vogelarten, das ihm mit verschiedenen Soßen zubereitet wurde. Yagnavalkya, einer der großen indo-arischen Weisen, sagte von sich, dass er durchaus Rindfleisch verzehre, „vorausgesetzt, es ist zart."

Einfluss von Buddhismus und Jainismus

Der Wertewandel hing mit der Entstehung von Buddhismus und Jainismus zusammen. Beide Religionen, deren Stifter Buddha und Mahavir etwa zeitgleich im 6./5. Jh. v. Chr. lebten, propagierten **absolutes Ahimsa oder Nichtverletzen.** Dazu gehörte auch das Nichtverletzen von Tieren. Im Gefolge begann der Vegetarismus Fuß zu fassen.

Wenn auch der Hindu-Klerus zunächst Buddhismus und Jainismus bekämpfte, so übernahm man jedoch bald das Prinzip des *ahimsa*. Dies geschah wohl weniger aus friedvoller Einsicht als durch küh-

◀ *Auf dem Gemüsemarkt in Mumbai*

Speisezettel in der Gegenwart

le Berechnung: Man wollte im Vergleich zu den neuen Religionen nicht unzeitgemäß barbarisch dastehen. Der Zeitgeist forderte den **Vegetarismus.**

Der Vegetarismus wurde ein fester Bestandteil des Hinduismus, zunächst in der Oberschicht, dann folgte ihr das gemeine Volk nach.

In der Folgezeit war es bestenfalls den Kastenlosen erlaubt, das Fleisch von verstorbenen Tieren zu verspeisen, denn schließlich konnte diese sich eh nicht spirituell mehr verunreinigen als sie es ohnehin schon waren.

Die Wandlung Ashokas
Eine besonders dramatische Wandlungsgeschichte wird über König Ashoka (3. Jh. v. Chr.) berichtet: War der König einst ein rücksichtsloser Eroberer und Krieger und ein passionierter Fleischliebhaber dazu, so wurde er unter dem Einfluss des Buddhismus zum Friedensstifter und Advokaten des Vegetarismus.

Moslemische Herrschaft in Nordindien

Einen weiteren Wandel erfuhr vor allem der Norden Indiens, als ab dem späten 10. Jh. die Moslems in zahlreichen Eroberungszügen in das Land eindrangen. Unter moslemischer Herrschaft verbreitete sich in weiten Teilen Nordindiens der Konsum von Hühner- und Ziegenfleisch. Arabische, türkische und persische Gerichte beeinflussten den hinduistischen Speisezettel. Viele lukullische Spezialitäten, die heute als typisch indisch gelten, stammen in Wirklichkeit aus moslemischem Feindesland. Dazu gehören die Dam-Pakht-Gerichte (wörtl. „luftgekocht"), bei denen Fleisch oder andere Zutaten in einer Teighülle gebacken werden, was das Aroma des Fleisches quasi versiegelt.

Speisezettel in der Gegenwart

Heute sind noch sehr viele Hindus **reine Vegetarier.** Sogar Eier werden in diesem Fall nicht verzehrt. Der Begriff Ovo-Vegetarier (Vegetarier, die Eier verzehren), ist den Hindus ein Widerspruch in sich.

SPEISEZETTEL IN DER GEGENWART

◀ Restaurants in Südindien sind zumeist vegetarisch

Im von moslemischer Kultur stärker beeinflussten Norden wird relativ viel Fleisch verzehrt, im Süden eher Fisch. In Nordindien verspeisen selbst viele Brahmanen Fleisch, vor allem Huhn.

Der Genuss von Rindfleisch ist jedoch noch immer verpönt, mit Ausnahme im kleinen Kreis der **verwestlichten „Elite"**, die sich ihrer Religion relativ weit entfernt hat. Im Süden sind fleischessende **Brahmanen** selten, dafür ist der Verzehr von Fisch nicht unüblich.

Eher als den Brahmanen wird Fleischverzehr den **Mitgliedern der Kriegerkaste** der Kshatriyas verziehen – schließlich ist es die Aufgabe des Kriegers zu kämpfen und dabei hilft ihm das „Leidenschaft weckende" Fleisch.

Unter den Vashyas finden sich auffallend viele Vegetarier, besonders im Nordwesten Indiens, der auch dem Einfluss des Jainismus ausgesetzt war.

Vegetarier in den Regionen
Gemäß einem Zensus sind etwa ein Viertel aller Inder Vegetarier, was hochgerechnet auf die Hindus etwa ein Drittel bedeutet. Den höchsten Anteil an Vegetariern stellt der Bundesstaat Gujarat (69 %), gefolgt von Rajasthan (60 %), Panjab und Haryana (54 %), Uttar Pradesh (50 %) und Mahasrashstra (45 %); den geringsten Anteil haben Andhra Pradesh (16 %), Assam (15 %), Kerala, Orissa und Westt Bengal (jeweils 6 %).

Die Speisen orthodoxer Hindus

Die Speisen orthodoxer Hindus

Extrem orthodoxe Hindus, doch davon gibt es nicht sonderlich viele, unterscheiden ihre Nahrung in drei „guna" oder etwa „Qualitätsstufen". Das beste Essen ist „sattva". Diese Speisen induzieren Güte und Reinheit; darunter fallen Nahrungsmittel, die nur sehr wenig gewürzt sind, und vor allem Milchprodukte, Obst und Gemüse.

Auch in den Tempeln der Hare-Krishna-Bewegung wird prinzipiell nur „sattvische" Nahrung ausgeschenkt. Das Essen gilt als Prasad und wird demzufolge kostenlos ausgeschenkt. Je mehr der Besucher davon isst, umso mehr freuen sich die Geber, da man nach deren Auffassung mit dem Essen „Krishna-Bewusstsein" in sich aufnimmt. Die Speisen sind aufgrund der fehlenden Würze für indische Verhältnisse sehr fade.

Eine Stufe darunter liegen die Speisen, die als „rajas" bezeichnet werden, „Leidenschaft herbeiführend". Dazu gehören Fleisch, Fisch und Geflügel sowie Speisen, die salzig, sauer, bitter und stark gewürzt sind.

Am untersten Ende der Skala stehen Nahrungsmittel, die „tamas" sind, „Dunkelheit herbeiführend". Darunter fallen Rind- und Schweinefleisch, das Fleisch von Aalen, Rüben, dunkle Hülsenfrüchte, Zwiebeln, Knoblauch und Pilze, Speisen, die abgestanden oder faul sind, sowie alkoholische Getränke. Der Genuss all dieser Speisen und Getränke macht den Menschen nach traditioneller Auffassung dumpf und träge.

Unter Shudras ist der Genuss von Fleisch durchaus üblich und bei **Kastenlosen** wird er fast erwartet. Die kastenlosen ↗Musahar im indischen Bundesstaat Bihar verzehren traditionell sogar Ratten. Sie greifen die Ratten in Rattenlöchern, blitzschnell und mit einem Geschick, das über viele Generationen gewachsen ist.

Musahar:
wörtl. „Rattenesser"

Allerlei Getier, darunter auch Schlangen und Krähen, essen einige der in den Dschungeln lebenden Adivasis, die **indischen Ureinwohner,** die oft nur oberflächlich „hinduisiert" sind.

Mahlzeiten

Im Gegensatz zu den meisten anderen Völkern gelten bei den Hindus zwei Mahlzeiten am Tag als das gesündeste Maß. Schon in der Ayurveda (wörtl. „Wissenschaft vom langen Leben"), der indischen Naturheilkunde, ist niedergelegt, dass es am gesündesten ist, nur morgens und abends eine Mahlzeit einzunehmen. Daran halten sich bis heute viele Hindus, auf dem Land mehr als in der Stadt.

AUSWÜCHSE DES HINDUISMUS

KINDEREHEN

Auswüchse des Hinduismus

Die fast grenzenlose Toleranz des Hinduismus bietet leider auch die Grundlage für so manchen Auswuchs oder Exzess. Mit dem Hindi-Satz *„Sab chalta hai"* („alles geht") umschreiben die Nordinder diese Haltung, die nicht immer unbedingt wünschenswert ist. Viele der Auswüchse des Hinduismus wurden von der Kolonialmacht England ausgerottet – dazu gehört der zuvor erwähnte Kult des Thagi oder der unselige Brauch vieler Mütter, ihre soeben geborene Tochter dem „Schoß von Mutter Ganges" anheim zu geben, mit anderen Worten, im Ganges zu ertränken oder den Flusskrokodilen zum Fraß vorzuwerfen.

Dieser Brauch hatte zwar einen religiösen Vorwand, in Wirklichkeit aber versuchte man lediglich, sich der weiblichen Nachkommenschaft zu entledigen, denn gewünscht waren eigentlich nur Söhne.

Noch heute werden aufgrund der in den heiligen Schriften vorexerzierten Bevorzugung männlicher Nachkommen die **Föten von Mädchen abgetrieben;** schließlich hat man für eine Tochter ja die oft unerschwingliche Mitgift aufzubringen. Die Abtreibung ungeborener Mädchen hat in Indien zu einem Missverhältnis zwischen Frauen und Männern von 9:10 geführt. Offiziell ist die Ultraschalluntersuchung zwecks Bestimmung des Geschlechts des Ungeborenen in Indien verboten, an der weit verbreiteten Praxis ändert das Gesetz jedoch nichts.

Kinderehen

Ebenfalls nicht völlig von Erfolg gekrönt war der Versuch der englischen Kolonialmacht, den Brauch der Kinderehen auszurotten. Dieser wird immer noch in einigen Regionen Indiens praktiziert (vor allem in Rajasthan), obwohl er heute nach indischem

Literaturtipp
Der Hauptagitator gegen den Thagi war Generalmajor W. H. Sleeman, der in seinem fesselnden Buch „Rambles and Recollections of an Indian Official" (1893) eingehend den Kult und die Gegenmaßnahmen dazu beschreibt. Das Buch ist in verschiedenen Nachdrucken erhältlich, z.B. bei Asian Educational Services, New Delhi.

◀ *Zum tamilischen Fest Thaipusam unterziehen sich Hindus in Singapur und Malaysia allerlei Trakturen. Am verdienstvollsten ist das Tragen von Kavadis, hohen Metallgestellen, deren spitze Metallstäbe auf den Körper des Trägers drücken.*

KINDEREHEN

Gesetz verboten ist. Gemäß der Hindu-Tradition musste eine Tochter vor dem Eintreten der ersten Menstruation verheiratet sein, vornehmlich, weil man annahm, dass die Tochter nach Erwachen der sexuellen Triebe allzu leicht vom Pfad der Tugend abkommen könnte.

Der französische Abbé Dubois schlug in die gleiche Kerbe und schrieb Ende des 19. Jahrhunderts: „Die Erfahrung hat gezeigt, dass junge Hindu-Frauen nicht genügend Standfestigkeit und genug Achtung vor der eigenen Ehre besitzen, um den glühenden Avancen eines Verführers zu widerstehen."

Um ganz sicher zu gehen, wurden die Töchter lieber schon lange vor der ersten Menstruation verheiratet, bis hinunter ins Kleinkindalter. Die Schrift Stri-Tantra (Lehrbuch über die Frauen) bestimmte, dass Mädchen zwischen den Altern *nagnika* („nackt"; d.h. 5 Jahre) und *lagnika* („anhängend"; d.h. 9 Jahre) zu verheiraten waren. Noch Extremeres vertrat die Mahabharata, die die Heirat gleich nach der Geburt empfahl.

Heute kommt es vereinzelt sogar noch zu Hochzeiten, bei denen Töchter im Babyalter verheiratet werden und während der Heiratszeremonie am Busen der Mutter saugen. Der „Bräutigam" ist in der Regel ein paar Jahre älter, aber auch er versteht nicht, was mit ihm geschieht.

Besonders tragisch wurden oder werden Kinderehen, wenn der „Ehemann" verstirbt und die „Witwe" aufgrund des Verbots von Witwenheiraten nicht wieder heiraten darf. Theoretisch war die Wiederheirat erlaubt, falls das Mädchen noch Jungfrau war. In der Praxis aber fanden sich kaum Eltern, die ihren Sohn mit solch einer Frau vermählten.

Noch unmenschlicher war der Brauch der **Witwenverbrennungen** oder Sati beim Tod des Mannes, der heute bis auf sehr seltene Ausnahmen verschwunden ist.

RELIGIÖSE PROSTITUTION

Religiöse Prostitution

Tolerant wie der Hinduismus ist, lässt sich in seinem Namen fast alles entschuldigen. Allem kann ein religiöser Hintergrund zugeschrieben werden.

In der Kleinstadt Saundatti im indischen Bundesstaat Karnataka findet jedes Jahr zum Vollmondtag im Hindu-Monat Magh (Jan./Febr.) ein Fest statt, in dem Tausende von Mädchen zu **Devadasis,** „Dienerinnen der Götter", geweiht werden.

Ursprünglich war der Stand der Devadasis hoch angesehen. Devadasis sangen und tanzten vor Götterstatuen, fächerten ihnen Luft zu und galten als ehrfürchtige und fromme Anhängerinnen der von ihnen erwählten Gottheit. Viele Devadasis wurden von reichen Mitbürgern mit Land beschenkt.

Im Laufe der Zeit aber setzte der Verfall ein. Die wohlhabenden Männer des Ortes hielten sich Devadasis als Geliebte und bald glitten die Devadasis in die Prostitution ab. Es ist anzunehmen, dass geld-

▼ *Anhänger der Göttin Yellamma in Saundatti, bekleidet nur mit den Zweigen des heiligen Nim-Baumes*

RELIGIÖSE PROSTITUTION

▶ *Anhängerin der Goettin Yellamma mit Figur der Göttin, im Rotlichtbezirk von Mumbai*

gierige Priester und lüsterne Tempelbesucher das Ihre dazu taten. Teilweise herrschten in den Tempeln Zustände wie auf einer Sündenmeile und manch männlicher Tempelbesucher, der tatsächlich nur zum Beten gekommen war, musste unverrichteter Dinge abziehen, weil die Devadasis ihn pausenlos behelligten. Einige der größeren Tempel beherbergten Hunderte von Devadasis.

Die Devadasis werden der südindischen **Göttin Yellamma geweiht** und man stellt sich vor, dass ihnen dann die Göttin innewohnt. Aufgrund einer vertrackten Legende haben sich die Mädchen nun allen willigen Männern hinzugeben, die als die Manifestation eines (männlichen) göttlichen Prinzips betrachtet werden.

Das „Recht der ersten Nacht" genießen in der Regel die am Ort agierenden Priester. Danach werden die Mädchen an Zuhälter veräußert, die in großer Zahl das Fest besuchen. **„Religiöse Prostitution"** wird dieses Phänomen oft genannt, Prostitution mit religiösem Hintergrund oder religiösem Vorwand. Viele der Prostituierten in den Rotlichtvierteln von Mumbai und anderen großen Städten begannen ihre Laufbahn auf dem Yellamma-Fest in Saundatti. Man erkennt sie an einer Yellamma-Tätowierung.

Die **sozio-ökonomische Ursache** des heutigen Devadasi-Kults liegt schlichtweg in der Tatsache, dass in weiten Teilen der wenig gebildeten Bevölkerung weiblicher Nachwuchs immer noch unbeliebt ist und man diesen auf jede erdenkliche Art loswerden will. Die „Religion" bietet den besten Vorwand dafür. Da auch die Priester von dem Kult profitieren, ist anzunehmen, dass sie an der Manipulierung des Devadasi-Kultes mitgewirkt haben.

Kult der Eunuchen

Die Religion kann so manchem Außenseiter ein halbwegs geduldetes Nischendasein garantieren. Das zeigt der Kult der Eunuchen, kastrierter Männer, die sich wie Frauen in Saris kleiden.

Gemäß einer Legende ist die Göttin Bahuchara, die vor allem im Bundesstaat Gujarat verehrt wird, die Schutzpatronin der Eunuchen. Die Eunuchen sind eine verschworene Gemeinschaft zumeist kastrierter Männer. Unter ihnen finden sich viele Homosexuelle, sexuell Verunsicherte oder Männer mit unvollkommen ausgebildeten Geschlechtsorganen. Diese schließen sich – oft unter starkem psychischem Druck – einem Eunuchen-Clan an und lassen sich auf haarsträubende, medizinisch völlig unzulängliche Art kastrieren. Nicht wenige verlieren dabei ihr Leben. Der Brauch will, dass jeder Eunuch

KULT DER EUNUCHEN

vor seinem Tod einen Mann zum Eunuchen weiht und so erhält sich der bizarre Brauch.

Die Eunuchen sehen sich als die einzig würdigen **Verehrer von Bahuchara.** Dieser Götterkult verleiht ihnen zumindest eine halbwegs legitime Identität. Als Einkommensquelle bleibt ihnen jedoch zumeist nur die **Prostitution.** Die Eunuchen werden von ihren „Gurus", den Oberhäuptern der Clans, ausgehalten wie von Zuhältern. Nebenbei verdienen sich die Eunuchen ihr Geld durch Betteln oder Singen und Tanzen auf Hochzeiten und Kindgeburten.

Die Anwesenheit von Eunuchen bei den Feiern zur **Geburt eines Kindes** hat auch einen weiteren

▶ *Eunuch beim Yellamma-Festival in Saundatti*

KULT DER EUNUCHEN

Grund: Sie wollen auskundschaften, ob es sich um einen Jungen handelt, und wenn ja, ob er vielleicht verkrüppelte Geschlechtsorgane hat. In letzterem Falle werden sie versuchen, den Eltern das Kind abzuschwatzen, um es so als ihren eigenen Nachwuchs großzuziehen.

Zwar sind die Eunuchen **in der hinduistischen Gesellschaft** alles andere als gut angesehen – man sagt ihnen nach, sehr wirkungsvolle Flüche ausstoßen zu können und somit verbreiten sie auch Furcht –, in den letzten Jahren sind jedoch einige von ihnen zu Bürgermeistern oder Abgeordneten in Regional-Parlamenten gewählt geworden. Die Logik der Wähler: Wir haben in der Vergangenheit Männer und Frauen gewählt – sie alle haben uns betrogen. Geben wir also den Eunuchen eine Chance! Der wohlreimende Wahl-Slogan eines Eunuchen im Bundesstaat Madhya Pradesh lautete auf Hindi: *„Rajniti ko de do dhakka, kursi pe utha lo chakka!"* In freier Übersetzung: „Verderbt den Politikern mal ihren Kuchen, wählt diesmal einen Eunuchen!" (Wörtlich: „Versetzt der Politik einen Schlag, und hebt einen Eunuchen auf den Amtssitz!")

◀ *Nachwuchs-Eunuchen in Bombay*

POLITISCHER EXTREMISMUS

Hinduistischer politischer Extremismus

BJP:
Bharatiya Janata Party (Indische Volkspartei)

Was die Politik angeht, so hat der Hinduismus seit Anfang der neunziger Jahre des letzten Jahrhunderts zunehmend Einfluss gewonnen. 1992 zerstörten Hindu-Fanatiker die **Babri-Moschee in Ayodhya,** die angeblich an der Stelle stand, wo Gott Rama geboren wurde. Vor der Errichtung der Moschee soll sich dort ein Rama-Tempel befunden haben, den die Hindu-Fanatiker wieder neu zu bauen gedenken.

▶ *Anhänger der BJP auf einer Demonstration*

POLITISCHER EXTREMISMUS

Als Rache für die Zerstörung der Moschee kam es Ende desselben Jahres in Mumbai zu einem Dutzend **Bombenexplosionen,** ausgeführt von islamischen Gangster-Banden und wahrscheinlich unter Mithilfe des pakistanischen Geheimdienstes.

Seither sind die Fronten zwischen Hindus und Moslems verhärteter denn je und viele Hindus haben sich einer Art Fundamentalismus zugewandt. Dieser führte 1999 bei den nationalen Wahlen zum **Wahlsieg der ↗BJP.** Diese versteht sich unverhohlen als Hindu-Partei. Ihr Symbol ist eine orangefarbene Fahne (die Farbe des Hinduismus) mit einer Lotusblume darin (ein Symbol spiritueller Reinheit, auch ein Symbol Brahmas).

In den Folgejahren attackierten **Hindu-Fanatiker** den christlichen Klerus und zerstörten christliche Kirchen, weil Sie aufgrund der christlichen Missionierung unter den Kastenlosen und den Adivasis den Hinduismus in Gefahr wähnten.

▼ *Das Orange in der indische Flagge symbolisiert den Hinduismus*

ATHEISTEN UND HINDUS

Atheisten und Hinduismus
Atheisten oder nastika hat es in Indien zu allen Zeiten gegeben und sie spielten eine große Rolle in der Entwicklung des hinduistischen Gedankenguts. Durch die Angriffe der Agnostiker auf den orthodoxen Hinduismus wurde dieser elastischer, umfassender und toleranter. Zu den atheistischen Denkern gehörten Sanjaya (5. Jh. v. Chr.), der zu dem Schluss kam, dass Menschen niemals die ultimative Realität erfahren können, oder der in der Mahabharat erwähnte Javali, der die Religion schlichtweg verhöhnte. Jayarashi (7. Jh. v.Chr.) war der Auffassung, dass der Mensch keinerlei gesicherte Kenntniss über irgendetwas haben könne und dass die Wahrheit des einen genau so gut oder schlecht sei wie die Wahrheit eines anderen.

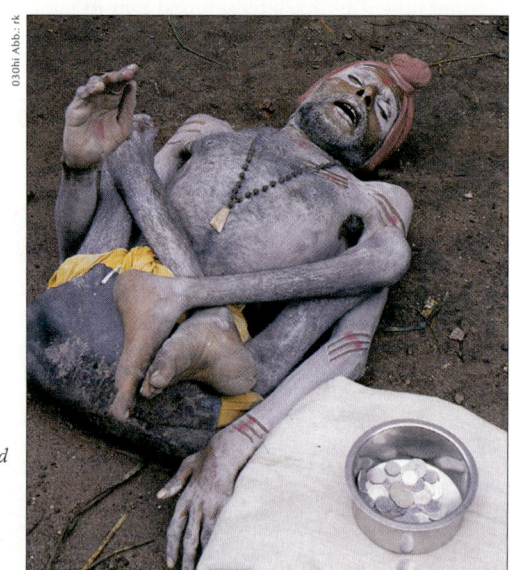

▶ *Asket. Aufgrund der dauernden Zwangshaltung sind die Beinmuskeln geschrumpft.*

Politischer Extremismus

Der Gedankengang der Fanatiker ist dabei bis zu einem gewissen Grade verständlich: „Jahrhundertelang haben uns die moslemischen Eroberer geknechtet", so sagt man sich, „und dann regierten uns die christlichen Engländer und importierten wieder einen fremden Lebensstil. Jetzt lassen wir uns nichts mehr gefallen. Wir schlagen zurück und machen Indien zu einem reinen Hindu-Land!" Das Gefühl, von einer verfeindeten Außenwelt umgeben zu sein, wurde durch die Agitation des moslemischen Pakistans im Kashmir-Konflikt und die offensichtliche Beteiligung Pakistans an Terrorakten in Indien weiterhin bestärkt.

Die **hinduistisch-patriotische Haltung** ist zwar verständlich, hat aber nicht viel mit dem wahren Hinduismus zu tun: Für den echten Hindu sind Allah und Jesus ebenso „Gott" wie Vishnu oder Rama. Moslems oder Christen haben nur andere Methoden und Wege, sich dem selben Ziel zu nähern wie der Hindu. Der wahre Hinduismus zeichnet sich durch fast grenzenlose religiöse Toleranz aus. Als ich auf die Frage eines Hindus, welcher Religion ich denn angehöre, antwortete, dass ich eigentlich gar keine Religion habe, kam ohne großes Zögern die Erwiderung: „Ja, dann bist du ja auch ein Hindu!"

Auswüchse

Glossar

▶ Mühselige Feinarbeit am Kesava-Tempel in Somnathpur

Glossar

Glossar

108: heilige Zahl, zusammengesetzt aus den sieben Planeten, plus den zwei Mondphasen, multipliziert mit den 12 Tierkreiszeichen

A

Adivasis: wörtl. „die ersten Bewohner", Indiens Ureinwohner
Aghora / Aghori: Anhänger des unorthodoxen „linkshändigen Pfads"
Ahimsa: das Prinzip des Nichtverletzens oder der Gewaltlosigkeit
Asana: eine Körperstellung im Hatha Yoga
Ashram: die Schule eines spirituellen Lehrmeisters
Ashrama: eines der vier Lebensstadien des Hindus
Ashvamedha: das vedische Pferdeopfer
Atma: Seele
Atman: die alles durchdringende „Weltenseele"
Ayurveda: die traditionelle indische Naturheilkunde

B

Bhagavad-Gita: wichtige religiöse Schrift und Teil der Mahabharata
Bhajan: religiöse Gesänge
Bhakt: Anhänger einer bestimmten Gottheit
Bhakti: die liebevolle Hingabe an eine Gottheit
Bhang: berauschendes Getränk, hergestellt aus Milch, Zucker, Hanf-Blättern und einigen anderen Zutaten
Brahma: der Erschaffergott
Brahmachari: ein (sexuell) Enthaltsamer, Asket
Brahmamuhurta: die Zeit vor Sonnenaufgang, die sich am besten zur Meditation eignet
Brahmin: Mitglied der höchsten Kaste

GLOSSAR

◂ *Asketischer Einsiedler in Devghat, Nepal*

C

Chakra: Kreis; auch feinstoffliches Nervenzentrum
Chakra-Puja: tantrischer Ritus
Chela: Schüler eines spirituellen Lehrers
Chennai: der neue offizielle Name für Madras

D

Dalit: Kastenloser
Deva: Gott
Devanagari: Schriftsystem, in dem Sanskrit geschrieben wurde; heute verwendet für Hindi, Marathi und Nepali
Devata: Gottheit
Devi: Göttin
Devadasi: „Gottesdienerin", die in Tempeln zu Ehren der Götter sang und tanzte
Durga: ein anderer Name für Kali

GLOSSAR

▶ *Hindus „füttern" eine Figur von Ganesha mit Milch. Mitte der 90er Jahre machte weltweit das Gerücht die Runde, dass Ganesha-Figuren plötzlich „Milch zu trinken" begannen*

G

Ganesha: der Elefantengott
Ganges / Ganga: der heiligste Fluss der Hindus
Gayatri-Mantra: wichtigstes Mantra, ein Gebet an die Sonne
Go: Sanskrit für „Kuh"
Gotra: eine Unterkaste
Govinda: ein anderer Name für Krishna
Guru: spiritueller Lehrer oder Unterweiser in den klassischen indischen Künsten

H

Hanuman: der Affengott und treue Gehilfe Ramas in der Ramayana; gilt auch als Schutzpatron der Soldaten
Harijan: Kastenloser
Hatha Yoga: Disziplin, die zur Kontrolle über den Körper verhelfen soll
Hindi: indische Nationalsprache
Homa: Opferritus

GLOSSAR

I, J

Ishwara: Gott
Jagganath: „Herr der Welt", eine Manifestation Vishnus; Ursprung des englischen Wortes „juggernaut" (Götze)

K

Kailash: Berg; der mystische Wohnsitz Shivas
Kali: die blutrünstige Göttin der Zerstörung
Kalki: die zehnte, zukünftige Inkarnation Vishnus, die das Ende des gegenwärtigen Zeitalters, des Kali-Yuga, verkünden wird; siehe auch Yuga
Kama: physische Liebe, Eros
Kamasutra: Anleitung zur Liebeskunst
Kapalika: Anhänger des „links-händigen Pfades"
Kirtan: Ruhmesgesang zu Ehren einer Gottheit
Kolkata: der neue offizielle Name für Kalkutta
Krishna: als verspielt und liebenswert dargestellter Gott, die achte Inkarnation Vishnus
Kshatriya: Mitglied der zweithöchsten Kaste
Kul-Devata: Familien-Gottheit

L

Lakshmi: die Göttin des Glücks und einer der Namen für Vishnus Gemahlin
Lakshman: der Bruder des Affengottes Hanuman
Lingam: das phallische Symbol Shivas

M, N

Maha-Mantra: das „große Mantra", eine Formel zur Verehrung von Krishna und Rama
Mahabharata: das längste Hindu-Epos
Mahatma: „große Seele", Ehrentitel für spirituell sehr vorangeschrittene Personen

Glossar

Mantra: heilige Silben, Worte oder Verse, die zur Meditation benutzt werden
Moksha / Moksha: Befreiung aus dem Kreis der Wiedergeburten
Mumbai: der neue offizielle Name für Bombay
Murda-Ghat: Leichenverbrennungsstätte
Murti: eine Götterfigur; Sadhus werden in „murti" gezählt: also z.B. „Sadhus drei Figuren" (*sadhu tin murti*) = 3 Sadhus.
Nastika: Atheist, wörtlich „Verneiner"

O, P

Om: mystische Silbe oder Mantra, das zur Meditation verwendet wird
Padma: Lotusblume, Symbol spiritueller Reinheit
Parvati: Shivas Gemahlin
Pashupatinath: ein anderer Aspekt Shivas
Pipal: heiliger Baum, dem Vishnu innewohnen soll
Pradakshina: rituelle Umrundung eines Tempels
Prana: mystische Lebensenergie
Prasad: heilige Speise
Puja: Andacht, Gebet
Purusha-Medha: Menschenopfer

▶ So werden Sadhus gezählt: „Sadhus drei Figuren" (*sadhu tin murti*, siehe „murti")

GLOSSAR

R

Radha: die Gemahlin Krishnas
Rama: wichtiger Gott, die siebente Inkarnation Vishnus
Ramayana: beliebte heilige Schrift über die Abenteuer von Rama, seiner entführten Frau Sita und dem Affengott Hanuman
Ravana: der Dämonenkönig in der Ramayana

S

Sadhu: wörtl. „vollkommen", ein Wander-Asket und Shiva-Anhänger; die Sadhus unterteilen sich in verschiedene Schulen
Sangam: das Aufeinandertreffen von zwei oder mehreren Flüssen
Sanskrit: heute „tote" indo-germanische Sprache, in der die heiligen Schriften des Hinduismus verfasst sind
Sati: ein Name für die Gemahlin Shivas; auch Bezeichnung für die Witwenverbrennung
Sadhvi: die weibliche Form von Sadhu
Savitri-Mantra: siehe Gayatri-Mantra
Shakti: die weibliche Energie, auch als Gattin Shivas dargestellt
Shiva: der Gott der Zerstörung und Erneuerung
Shivalingam: das phallische Symbol Shivas
Shudra: Mitglied der vierten Kaste
Shyama: ein anderer Name für Krishna
Sita: die Gemahlin Ramas
Soma: in der hinduistischen Literatur ein berauschendes und zu spirituellem Einblick führendes Getränk, zubereitet wahrscheinlich aus der ephedrinhaltigen Pflanze *Ephedra distachya*
Swastika: „Hakenkreuz", das vedische Glückszeichen

Glossar

T

Tantra: Lehre zur Erlangung übernatürlicher Fähigkeiten, zum Teil durch Ausüben des „linkshändigen Pfads"
Tantrik: Anhänger des Tantra
Thag: Ritualmörder und Anhänger von Kali oder Bhavani; Ursprung des engl. Wortes „thug"
Thagi: Verehrung von Kali/Bhavani durch Ritualmord
Tirth: ein heiliger Ort
Tika, Tilak: rotes Zeichen auf der Stirn, auf dem mystischen „dritten Auge"
Trimurti: die hinduistische Dreifaltigkeit, bestehend aus den Göttern Brahma, Vishnu und Shiva
Trishul: der Dreizack Shivas
Tulsi: heiliger Strauch, „sweet basil" (*Ocymum sanctum*)

U, V

Umadevi: eine anderer Name für Parvati, Shivas Gemahlin
Vahana: das „Vehikel" eines Gottes
Vaishya: Mitglied der dritten Kaste
Vaitarni: mit Schmutz angefüllter Fluss, den die Seelen nach dem Tod zu überqueren haben
Varna: „Farbe"; das traditionelle Wort für Kaste
Veden: die vier ältesten hinduistischen Schriften
Venkateshwara: ein anderer Aspekt Vishnus
Vivaha: Hochzeit
Vishnu: der Gott, der die Welten erhält

Y

Yama: der Totengott
Yatra: eine Pilgerfahrt

GLOSSAR

◀ *Sadhu beim Üben von Hatha Yoga*

Yoga: aus verschiedenen Zweigen bestehende Disziplin, die zur Kontrolle der Sinne und zum Erreichen der „Befreiung" verhelfen soll

Yogi: jemand, der Yoga betreibt

Yogini: die weibliche Form von Yogi

Yoni: das Symbol des weiblichen Geschlechtsorgans und eine Manifestation von Shakti

Yuga: eines der vier Zeitalter, in die der Weltenzyklus unterteilt ist; die Zeitalter sind im qualitativ absteigender Reihenfolge: das Krita- oder Satya-Yuga, Treta-Yuga, Dvapara-Yuga und Kali-Yuga (kein Zusammenhang mit der Göttin Kali)

ANHANG

▶ Einer von vielen mehr oder weniger heiligen Flüssen: der Vashishti bei Chiplun

Anhang

Literaturtipps

In deutscher Sprache

Abt, Otto: **Von Liebe und Macht. Das Mahabharata;** J. Horlemann Verlag, Unkel. Eine Neuerzählung des längsten Epos der Welt.

Gandhi, Maneka: **Brahmas haar. Die Mythologie der indischen Pfanzenwelt;** Brandes und Aspel, Frankfurt/Main. Der Titel ist das Programm. Geschrieben von der streitbaren, in Umwelt- und Tierschutzfragen sehr aktiven Schwiegertochter Indira Gandhis.

Kinsley, David: **Die indischen Göttinnen;** Insel Verlag, Frankfurt/Main. Die herausragende Rolle der hinduistischen Göttinen wird untersucht, und die wichtigsten von ihnen vorgestellt.

Klein, Stefan: **Heilige Kühe und Computerchips;** Picus Verlag Gesellschaft. Eine Sammlung von Reportagen, die Indiens krasse Gegensätze illustriert.

Krack, Rainer: **Kulturschock Indien;** Reise-Know-How Verlag Peter Rump, Bielefeld. Indien und seine Bewohner besser verstehen. Ein tiefer Blick hinter die Alltagserscheinungen und viele Verhaltenstipps.

Morrison, Judith H.: **Ayurveda;** Trias, Stuttgart. Eine Einführung in die alte indische Naturheilkunde.

Ramayana; Diederichs Gelbe Reihe. Eine leicht lesbare Teilübersetzung des großen Epos.

Schleberger, Eckard: **Die indische Götterwelt;** Diederichs, München. Überblick über die wichtigsten Götter des Hinduismus, ihre Symbole etc.

LITERATURTIPPS

Schumann, Wolfgang: **Die großen Götter Indiens. Grundzüge von Hinduismus und Buddhismus;** Diederichs, München. Der Band verdeutlicht Unterschiede und Gemeinsamkeiten der beiden Religionen und beschreibt deren Grundideen.

Six, Clemens: **Hindu-Nationalismus und Globalisierung;** Brandes und Apsel, Frankfurt/Main. Eine Auseinandersetzung mit dem in den neunziger Jahren aufgekommenen Hindu-Nationalismus.

In englischer Sprache

Viele der interessantesten Bücher über Hinduismus oder verwandte Themen sind leider nur in Indien oder Nepal erhältlich. Einge davon sind Nachdrucke von Büchern aus dem 19. Jahrhundert oder noch früherer Zeit.

Achaya, K.T.: **A Historical Dictionary of Indian Food;** Oxford University Press, New Delhi, India

Basham, A.L.: **The Wonder That Was India;** Rupa & Co., New Delhi, India

Bharati, Agehananda: **The Tantric Tradition;** B.I. Publications, New Delhi, India

Bhattacharji, Sukumari: **Brahma, Visnu and Siva;** Penguin Books, New Delhi, India

Chaudhuri, Nirad C.: **Hinduism;** Oxford University Ptress, London, GB

Dubois, Abbé J.A.: Hindu Manners, **Customs and Ceremonies;** Book Faith India, New Delhi, India (Originalausgabe 1897)

LITERATURTIPPS

Fowler, Jeanane: Hinduism: **Beliefs, Practices and Scriptures;** Adarsh Books, New Delhi, India

Klostermeyer, Klaus K.: **A Survey of Hinduism;** Munishiram Manoharlal Publishers, New Delhi, India

Kocchhar, Rajesh: **The Vedic People: Their History and Geography;** Orient Longman, Hyderabad, India

Kajupuria, Trilok Chandra: **The Sacred Animals of India;** M.Devi, Gwalior, India

Mallory, J.P.: **In Search of the Indo-Europeans;** Thames and Hudson, London, GB

Marrin, E.O.: **The Gods of India;** Indological Book House, New Delhi, India

Oman, J. C.I: **The Mystics, Ascetics and Saints of India;** Cosmo Publication, New Delhi, India

Sharma, Arvind: **Classical Hindu Thought;** Oxford University Press, New Delhi, India

Svoboda, Robert E.: **Aghora: At the Left Hand of God;** Rupa & Co., New Delhi, India

Thapar, Romila: **Cultural Pasts;** Oxford University Press, New Delhi, India

Versch. Autoren: **Sources of Indian Tradition** (zwei Bände); Columbia University Press, USA

Walker, Benjamin: **The Hindu World** (zwei Bände); Indus, New Delhi, India

Wilkins, W.J.: **Hindu Mytholog;**, Rupa & Co., New Delhi, India (Originalausgabe 1882)

Wilkins, W.J.: **Modern Hinduisms: The Religion and Life of the Hindus;** Book Faith India, New Delhi, India (Originalausgabe 1887)

Williams, Monier: **Religious Thought and Life in India;** Oriental Books Reprint Corporation, New Delhi, India (Originalausgabe 1883)

Internet-Seiten

Suchmaschinen wie Google (www.google.com) oder Lycos (www.lycos.com) führen zu Abertausenden von Webseiten zum Thema Hinduismus. Hier einige meiner Favoritenseiten.

Umfassende Information über alle wichtigen Aspekte des Hinduismus erhält man unter:
- **www.holyindia.org**
- **www2.imahal.com/directories/religion/hinduism**

Gute Webportale, die zu zahlreichen mit Hinduismus in Zusammenhang stehenden Webseiten verlinken:
- **www.rediff.com/hinduism**
- **www.dmoz.org**
- **www.irfana.com/hinduism**

Information zu allen Weltreligionen bei:
- **www.beliefnet.com**

Literaturtipps

KulturSchock

Diese Reihe vermittelt dem Besucher einer fremden Kultur wichtiges Hintergrundwissen. Themen wie Alltagsleben, Tradition, richtiges Verhalten, Religion, Tabus, das Verhältnis von Frau und Mann, Stadt und Land werden nicht in Form eines völkerkundlichen Vortrages, sondern praxisnah behandelt.

Der Zweck der Bücher ist, den Kulturschock weitgehend abzumildern oder ihm gänzlich vorzubeugen. Damit die Begegnung unterschiedlicher Kulturen zu beidseitiger Bereicherung führt und nicht Vorurteile verfestigt.

13 Titel sind lieferbar, darunter:

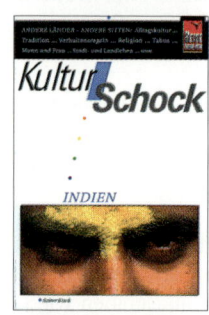

Rainer Krack
KulturSchock Indien
216 Seiten, reichlich illustriert

Susanne Thiel
KulturSchock Pakistan
288 Seiten, reichlich illustriert

Rainer Krack
KulturSchock Thailand
240 Seiten, reichlich illustriert

Klaus Boll
KulturSchock Mexiko
216 Seiten, reichlich illustriert

REISE KNOW-HOW Verlag, Bielefeld

LITERATURTIPPS

Südasien

Die praktischen Begleiter für die beliebtesten Reiseziele der Region – aktuell vor Ort recherchiert und mit großer Sachkenntnis geschrieben.

Thomas Barkemeier
Indien – der Norden
768 Seiten, 75 Karten und Pläne, farbiger Kartenatlas

Thomas Barkemeier
Indien – der Süden
744 Seiten, 60 Karten und Pläne, farbiger Kartenatlas, inkl. Mumbai und Goa

Jutta Mattausch
Ladakh und Zanskar
480 Seiten, 36 Karten und Pläne, durchgehend illustr., großer Farbteil

Rainer Krack
Nepal
480 Seiten, 57 Karten und Pläne, großer Farbteil, illustriertes Glossar

Rainer Krack
Sri Lanka
520 Seiten, 35 Karten und Pläne, farbiger Kartenatlas

Reise Know-How Verlag, Bielefeld

LITERATURTIPPS

Praxis – die neuen handlichen Ratgeber

Wer seine Freizeit aktiv verbringt und moderne Abenteuer sucht, braucht spezielles wissen, das in keiner Schule gelehrt wird. REISE KNOW-HOW beantwortet die vielen Fragen rund um Freizeit, Urlaub und Reisen in der Ratgeberreihe: „Praxis".

H. Schäfer: **All inclusive?**
ISBN 3-89416-767-X

F. Littek: **Fliegen ohne Angst**
ISBN 3-89416-754-8

R. Höh: **GPS Outdoor-Navigation**
ISBN 3-89416-762-9

R. Höh: **Kanu-Handbuch**
ISBN 3-89416-752-1

H. Hermann: **Reisefotografie**
ISBN 3-89416-772-6

M. Faermann:
Sicherheit im und auf dem Meer
ISBN 3-89416-758-0

K. Becker:
Tauchen in warmen Gewässern
ISBN 3-89416-760-2

M. Faermann:
Schutz vor
Gewalt und Kriminalität unterwegs
ISBN 3-89416-756-4

J. Edelmann:
Vulkane besteigen und erkunden
ISBN 3-89416-764-5

Jeder Titel:
144-160 Seiten, robuste Fadenheftung,
Taschenformat 10,5 x 17 cm,
Register und Griffmarken
Weitere Titel siehe Seite 152.

Literaturtipps

Alle Reiseführer auf einen Blick

Reisehandbücher
Urlaubshandbücher
Reisesachbücher
Rad & Bike

Abenteuer
 Weltumradlung
Afrika, Bike-Abenteuer
Afrika, Durch
Agadir, Marrakesch
 und Südmarokko
Ägypten
Alaska ⌀ Canada
Algerische Sahara
Amrum
Amsterdam
Andalusien
Äqua-Tour
Argentinien mit
 Uruguay u. Paraguay
Äthiopien
Auf nach Asien!

Bahrain
Bali & Lombok
Bali, die Trauminsel
Bali: Ein Paradies
 wird erfunden
Bangkok
Barbados
Barcelona
Berlin
Borkum
Botswana
Bretagne
Budapest
Bulgarien

Cabo Verde
Canadas großer
 Westen mit Alaska
Canadas Osten,
 Nordosten d. USA
Chile, Osterinseln
China Manual
Chinas Norden
Chinas Osten
Costa Brava
Costa de la Luz
Costa del Sol
Costa Rica
Cuba

Dalmatien
Dänemarks
 Nordseeküste
Dominikan. Republik
Dubai, Emirat

Ecuador
 und Galapagos
England – Der Süden
Erste Hilfe
 unterwegs
Europa BikeBuch

Fehmarn
Föhr
Fuerteventura

Gardasee
Gomera
Gran Canaria
Großbritannien
Guatemala

Hamburg
Hawaii
Hollands
 Nordseeinseln
Honduras
Hongkong,
 Macau

Indien – Der Norden
Indien – Der Süden
Irland
Island
Israel, palästinen-
 sische Gebiete,
 Ostsinai
Istrien, Velebit

Jemen
Jordanien
Juist

Kairo, Luxor, Assuan
Kalifornien, Süd-
 westen der USA
Kambodscha
Kamerun
Kanada ⌀ Canada
Kapverdische Inseln
Kärnten
Kenia
Korfu, Ionische Inseln
Krakau, Warschau
Kreta
Kreuzfahrtführer

Ladakh
 und Zanskar
Langeoog
Lanzarote
La Palma
Laos
Lateinamerika
 BikeBuch
Libanon
Libyen
Litauen
Loire, Das Tal der
London

Madagaskar
Madeira
Madrid
Malaysia, Singapur,
 Brunei
Mallorca

Reise Know-How

Mallorca, Reif für
Mallorca,
 Wandern auf
Malta
Marokko
Mecklenburg/
 Brandenburg:
 Wasserwandern
Mecklenburg-
 Vorpommern:
 Binnenland
Mexiko
Mongolei
Motorradreisen
München
Myanmar

Namibia
Nepal
Neuseeland
 BikeBuch
New Orleans
New York City
Norderney
Nordfriesische
 Inseln
Nordseeküste
 Niedersachsens
Nordseeküste
 Schleswig-
 Holstein
Nordseeinseln,
 Deutsche
Nordspanien
Nordtirol
Normandie

Oman
Ostfriesische
 Inseln
Ostseeküste
 Mecklenburg-
 Vorpommerns
Ostseeküste
 Schleswig-
 Holstein
Outdoor-Praxis

Panama
Panamericana,
 Rad-Abenteuer
Paris
Peru, Bolivien
Phuket
Polens Norden
Prag
Provence
Pyrenäen

Qatar

Rajasthan
Rhodos
Rom
Rügen und
 Hiddensee

Sächsische
 Schweiz
Salzburger
 Land
San Francisco
Sansibar
Sardinien
Schottland
Schwarzwald
 – Norden
Schwarzwald
 – Süden
Simbabwe
Singapur
Sizilien
Skandinavien
 – Norden
Sporaden,
 Nördliche
Sri Lanka
St. Lucia,
 St. Vincent,
 Grenada
Südafrika
Südnorwegen,
 Lofoten
Sylt
Syrien

Taiwan
Tansania, Sansibar
Teneriffa
Thailand
Thailand – Tauch-
 und Strandführer
Thailands Süden
Thüringer Wald
Tokyo
Toscana
Trinidad und Tobago
Tschechien
Tunesien
Tunesiens Küste

Umbrien
USA/Canada
USA/Canada BikeBuch
USA, Gastschüler
USA, Nordosten
USA – der Westen
USA – der Süden
USA – Südwesten,
 Natur u. Wandern
USA – Südwesten,
 Kalifornien,
 Baja California
Usedom

Venezuela
Vereinigte Arab. Emirate
Vietnam

Welt im Sucher
Westafrika – Sahelländer
Westafrika – Küste
Wien
Wo es keinen
 Arzt gibt

Alle Reiseführer auf einen Blick

Praxis

All Inclusive
Daoismus erleben
Dschungelwandern
Essbare
  Früchte Asiens
Fernreisen
  auf eigene Faust
Fernreisen mit dem
  eigenen Fahrzeug
Fliegen ohne Angst
GPS Outdoor-
  Navigation
Hinduismus erleben
Höhlen erkunden
Islam erleben
Kanu-Handbuch
Küstensegeln
Orientierung
  mit Kompass
  und GPS
Reisefotografie
Reisen und Schreiben
Richtig Kartenlesen
Schutz vor Gewalt
  und Kriminalität
Sicherheit im und
  auf dem Meer
Sonne, Wind
  und Wetter
Survival-Handbuch,
  Natur-
  katastrophen
Tauchen in kalten
  Gewässern
Tauchen in warmen
  Gewässern
Trekking-Handbuch
Vulkane besteigen
Wildnis-Ausrüstung
Wildnis-Küche
Winterwandern

Edition RKH

Finca auf Mallorca
Geschichten aus
  dem anderen
  Mallorca
Goldene Insel
Mallorquinische
  Reise, Eine
Please wait
  to be seated!
Salzkarawane, Die

KulturSchock

Ägypten
China
Indien
Iran
Islam
Japan
Marokko
Mexiko
Pakistan
Russland
Thailand
Türkei
Vietnam

Wo man unsere Reiseliteratur bekommt:

Jede Buchhandlung in der BRD, der Schweiz, Österreichs und in den Benelux-Staaten kann unsere Bücher beziehen. Wer trotzdem keine findet, kann alle Bücher über unseren Internet-Shop unter **www.reise-know-how.de** oder **www.reisebuch.de** bestellen.

Neu! — Landkarten von —

In Zusammenarbeit mit der *Map Alliance* startet *Reise Know-How* jetzt das **World Mapping Project™**. Im Juni 2001 werden die ersten von über 200 neuen Landkarten erscheinen, die die ganze Welt abdecken. Alle Karten sind GPS-tauglich, mit Höhenlinien und -schichten und mit ausführlichem Ortsregister.

Ab Juni 2001 sind lieferbar:
- Andalusien (1:650.000)
- Australien (1:4.500.000)
- Cuba (1:850.000)
- Deutsche Ostseeküste (1:250.000)
- Deutsche Nordseeküste (1:250.000)
- Dominikan. Republik (1:450.000)
- Gran Canaria (1:100.000)
- Kroatien (1:600.000)
- Mallorca (1:150.000)
- Marokko (1:1.000.000)
- Berlin – Ostsee (1:250.000)
- Mexiko (1:2.250.000)
- Namibia (1:1.250.000)
- Neuseeland (1:1.000.000)
- Polen (1:850.000)

Ab Sept. 2001 sind lieferbar:
- Ägypten (1:1.250.000)
- Costa Brava (1:120.000)
- Costa del Sol (1:200.000)
- Guatemala, Belize (1:500.000)
- Indien (1:2.900.000)
- Kapverdische Inseln (1:diverse)
- Libyen (1:2.000.000)
- Madeira (1:45.000)
- Malta, Gozo (1:50.000)
- Voralpenland (1:250.000)
- Sri Lanka (1:500.000)
- Südafrika (1:1.700.000)
- Teneriffa (1:120.000)
- Thailand (1:1.200.000)
- Tunesien (1:850.000)

Alle Karten haben gefaltet das Maß 10 x 25 cm (aufgefaltet 60 x 92 cm), ein- oder beidseitig bedruckt und passen so in jede Westentasche, kein störender Pappumschlag.
Der Preis: € 7,90 (DM 15,45) bzw. € 8,90 (DM 17,45).

Jetzt vorbestellen:
beim Buchhändler oder unter www.reise-know-how.de oder per Fax 0521-441047 (diese Seite kopieren und die gewünschte Karte ankreuzen). Zustellung innerhalb der BRD kostenlos!

- Bitte halten Sie mich über den Fortgang des **World Mapping Project™** (60 weitere Karten in 2002) auf dem Laufenden.

LITERATURTIPPS

Kauder-welsch!

Die **Sprachführer der Reihe Kauderwelsch** helfen dem Reisenden, wirklich zu sprechen und die Menschen zu verstehen. Wie wird das gemacht?

- Die **Grammatik** wird in einfacher Sprache so weit erklärt, daß es möglich wird, ohne viel Paukerei mit dem Sprechen zu beginnen, wenn auch nicht gerade druckreif.
- Alle Beispielsätze werden doppelt ins Deutsche übertragen: zum einen **Wort-für-Wort,** zum anderen in "ordentliches" Hochdeutsch. So wird das fremde Sprachsystem sehr gut durchschaubar. Ohne eine Wort-für-Wort-Übersetzung ist es so gut wie unmöglich, einzelne Wörter in einem Satz auszutauschen.
- Die **Autorinnen und Autoren** der Reihe sind Globetrotter, die die Sprache im Lande gelernt haben. Sie wissen daher genau, wie und was die Leute auf der Straße sprechen. Deren Ausdrucksweise ist häufig viel einfacher und direkter als z.B. die Sprache der Literatur. Außer der Sprache vermitteln die Autoren Verhaltenstips und erklären Besonderheiten des Reiselandes.
- Jeder Band hat 96 bis 160 Seiten. Zu jedem Titel ist eine begleitende **TB-Kassette** (60 Min) erhältlich.
- **Kauderwelsch-Sprachführer gibt es für über 70 Sprachen in mehr als 100 Bänden!**

Register

A

Abtreibung 119
Adinatha 38
Adivasis 132
Affen 101
Aghora 132
Aghoris 63
Ahimsa 132
Alltag 71
Ardhanareshwara 38
Arier 15
Arjuna 26
Artha 60
Asana 132
Ashrama 132
Ashram 132
Ashvamedha 132
Atheisten 128
Atman 132
Atma 132
Aushadheshwara 38
Ayurveda 132

B

Banyan-Baum 98
Bhagavad Gita 26
Bhairava 38
Bhajan 132
Bhakt 132
Bhang 132
Bharata 25
Bhuteshwara 38
Bilva-Baum 96
BJP 34, 127
Blutopfer 65
Bombay 136
Brahma 34
Brahmachari 132
Brahmamuhurta 132
Brahmanen 48
Brahmin 132
Braut 111
Buddha 36, 97
Buddhismus 35, 113

C

Chakra 133
Chakra-Puja 133
Chela 133
Chennai 133

D

Dalit 133
Darbha-Gras 98
Dassera 89
Deva 133
Devadasi 121
Devanagari 24
Devata 133
Devi 133
Dharma 60
Dhritarashtra 25
Dipawali 90
Diwali 90
Dreifaltigkeit 34
Dreizack 18
Durga Puja 45, 89
Durga 133

REGISTER

E

Ehe 107
Ehepaar, göttliches 73
Elefanten 77, 101
Erlösung 55
Essensgaben 73
Eunuchen 123
Extremismus, politischer 126

F

Familien-Hochzeit 108
Familiengottheit 72
Familiennamen 52
Feste 83
Fisch 102
Flagge 18
Flüsse 83
Frauen 49, 67, 105

G

Gandhi 41
Ganesh-Chaturthi 87
Ganesha 87
Ganges 134
Ganpati-Fest 87
Garuda 36
Gayatri-Mantra 134
Gebet 71
Gebetszeiten 75
Ghi 56
Girisha 38
Go 134
Gotra 134
Götter 33
Govinda 134
Guru 134

H

Hakenkreuz 18
Halskette 105
Hanuman 134
Harappa 20
Hare-Krishna-Bewegung 40
Harijan 134
Hatha Yoga 134
Hausschrein 71
Heilige Pflanzen 95
Heilige Schriften 23
Heilige Tiere 101
Heilige Zahl 38
Heirat 107
Hindi 134
Hindu-Fanatiker 127
Hochzeitsfest 109
Holi 85
Hölle 58
Homa 134

I

Internet 145
Inzest 65
Ishwara 135
ISKCON 40

J

Jagganath 135
Jainismus 113
Janmashtami 88

REGISTER

K

Kailash 135
Kali 44
Kali-Gandaki-Fluss 103
Kalki 36
Kalkutta 44
Kama 60, 135
Kamasutra 63, 66, 135
Kanphata Yogi 64
Kapaleshwara 38
Kapalika 64, 135
Kasten 47
Kinderehen 119
Kirtan 135
Kobra 86, 102
Kokosnuss 74
Kolkata 44
Krähe 101
Krishna 26, 36, 39, 88
Krokodile 102
Kshatriya 48
Kühe 73, 98
Kul-Devata 135
Kurma 36
Kusha-Gras 98

L

Lakshman 135
Lakshmi 135
Lambaris 45
Lebensstadien 80
Lingam 135
Linkshändiger Pfad 63
Literatur 142
Lokalgottheit 72
Lotus 18

M

Mahabharata 24
Mahadeva 38
Maha-Mantra 135
Mahakal 38
Mahatma 135
Maha-Shivaratri 84
Mahayogi 38
Mahesha 38
Maheshwar 38
Mahlzeiten 117
Makara Sankranti 83
Mantra 136
Manu 47, 50
Matsya 36
Menschenopfer 44
Menstruation 75
Mitgift 108
Moksha 60
Mount Kailash 93
Mritunjaya 38
Mukti 60
Mumbai 136
Murda-Ghat: 136
Murti 136
Mutter-Kult 20
Muttergottheit 20

N

Nachwuchs 107
Nag-Panchami 86
Nandi-Bulle 37
Narasimha 36
Nastika 136
Nataraja 38
Navaratri 88

REGISTER

Nekrophilie 63
Neujahrsfest, tamilisches 84
Nicht-Hindus 78

O, P

Om 18, 136
Opferung 65
Padma 136
Pandu 25
Parashurama 36
Parvati 43
Pashupati 38
Pashupatinath 136
Pferd 101
Pferdekult 16
Pferdeopfer 17
Pflanzen, heilige 95
Phallus 39
PIE 19
Pilgerfahrt 91
Pilgerorte 92
Pipal-Baum 96
Politik 126
Pradakshina 77
Prana 136
Prasad 73
Pro-Indo-Europäische
  Sprache 19
Prostitution 121, 124
Proto-Australoide 30
Puja 136
Purusha-Medha 136

R

Radha 137
Ram-Navami 86

Rama 27, 36, 41, 86
Ramayana 27
Ratte 101
Ravana 27
Religiöse Prostitution 123
Riten 83
Rudra 20
Rudraksha-Ketten 103

S

Sadhu 137
Sadhvi 137
Sangam 137
Sanskrit 11, 24
Sati 137
Savitri-Mantra 137
Scheidung 107
Schlange 86, 102
Schreibtechniken 23
Schreibweise 11
Schriften, heilige 23
Schriftsystem 24
Seelenwanderung 55
Sexuelle Abstinenz 66
Sexuelle Praktiken 65
Shaiviten 37
Shakti 43
Shalagrama 103
Shambhu 38
Shiva 37, 84
Shivalingam 39
Shruti 23
Shudra 48
Shyama 137
Sita 27
Smriti 23
Soma 137

REGISTER

Speisen 113, 116
Speisetabus 113
Sprache 19, 24
Straßenschrein 75
Sünde 67
Swastika 18
Symbole, hinduistische 18

T

Talisman 103
Tantra 63
Tantrik 138
Tempel 75
Thag 138
Thagi 138
Tiere, heilige 101
Tiere 95
Tilak-Zeichen 76
Tirth 138
Tod 55
Todeszeremonien 56
Totengott 55
Totenschädler 64
Trimurti 138
Trishul 18, 138
Tugend 60
Tulsi-Pflanze 95

U

Ugradeva, 38
Umadevi 138
Umrundungen 76
Unberührbare 48
Unterkasten 51
Upanischaden 30

V

Vahana 138
Vaishnaviten 36
Vaishya 48
Vaitarni 138
Valmiki 27
Vama-Marga 63
Vamana 36
Varaha 36
Varna 138
Veden 15, 23, 30
Vegetarismus 114
Venkateshwara 138
Verbrennungsstätte 57
Vishnu 36
Vivaha 138
Vrinda 104

W

Wiedergeburt 55
Wiederheirat 107
Wintersonnenwenden-Fest 83
Witwe 57
Witwenverbrennung 120

Y, Z

Yama 55
Yatra 91
Yellamma 122
Yoga-Philosophie 65
Yogi 139
Yoni 39
Yuga 139
Zahl, heilige 38
Zweitgeborene 48

Der Autor

Rainer Krack, geboren 1952, ist seit 1978 ständiger Besucher auf dem indischen Subkontinent. Fünfzig Mal allein besuchte er Indien, wo er insgesamt etwa sechs Jahre verbrachte. Hinzu kommen häufige Reisen nach Nepal und Sri Lanka. Er spricht fließend Hindi und Bengali.

Aufgrund seiner Hindi-Kenntnisse erhielt Rainer Krack schon mehrmals Angebote, in Hindi-Filmen einen westlichen Bösewicht zu mimen – bisher hat er alle Offerten abgelehnt, aber das könnte sich in Zukunft vielleicht ändern.

Seit 1984 arbeitet Rainer Krack als Reiseschriftsteller und Journalist. Dazu verlegte er 1986 seinen Wohnsitz nach Bangkok, von wo aus er stetig Süd- und Südostasien bereist. Im Reise Know-How Verlag sind bisher von ihm mehr als ein Dutzend Bücher über Indien, Nepal, Sri Lanka und nicht zuletzt Thailand erschienen.